A ARTE DE FAZER ACONTECER
GUIA PRÁTICO

DAVID ALLEN
E BRANDON HALL

A ARTE DE FAZER ACONTECER
GUIA PRÁTICO
O método GTD - Getting Things Done

10 etapas para a produtividade sem estresse

SEXTANTE

Título original: *The Getting Things Done Workbook*
Copyright © 2019 por David Allen e Brandon Hall
Copyright da tradução © 2021 por GMT Editores Ltda.

Esta edição foi publicada em acordo com Penguin Books, um selo do Penguin Publishing Group, uma divisão da Penguin Random House LLC.

Todos os direitos reservados. Nenhuma parte deste livro pode ser utilizada ou reproduzida sob quaisquer meios existentes sem autorização por escrito dos editores.

tradução: Beatriz Medina
preparo de originais: Melissa Lopes Leite
revisão: Ana Grillo e Luis Américo Costa
revisão técnica: Thais Godinho
adaptação de projeto gráfico e diagramação: DTPhoenix Editorial
capa: Duat Design
impressão e acabamento: Associação Religiosa Imprensa da Fé

CIP-BRASIL. CATALOGAÇÃO NA PUBLICAÇÃO
SINDICATO NACIONAL DOS EDITORES DE LIVROS, RJ

A427a

Allen, David, 1945-
  A arte de fazer acontecer: guia prático / David Allen, Brandon Hall; [tradução Beatriz Medina]. – 1. ed. – Rio de Janeiro: Sextante, 2021.
  224 p. ; 23 cm.

  Tradução de: The getting things done workbook
  ISBN 978-65-5564-137-0

  1. Gerenciamento de tempo. 2. Autogestão (Psicologia). 3. Autorrealização (Psicologia). 4. Distração (Psicologia). I. Hall, Brandon. II. Medina, Beatriz. III. Título.

21-70359   CDD: 650.11
          CDU: 005.962.11

Camila Donis Hartmann – Bibliotecária – CRB-7/6472

Todos os direitos reservados, no Brasil, por
GMT Editores Ltda.
Rua Voluntários da Pátria, 45 – 14º andar – Botafogo
22270-000 – Rio de Janeiro – RJ
Tel.: (21) 2538-4100
E-mail: atendimento@sextante.com.br
www.sextante.com.br

BRANDON HALL
Para Brian, Karen, Steve, Kaylor e as futuras gerações. Que vocês vejam projetos – e não problemas – na sua vida e no mundo.

Para David e Kathryn, o casal mais gentil e profissional que já conheci.

DAVID ALLEN
Para todos vocês que procuram melhorar sua qualidade de vida e o mundo que os cerca.

O QUE HÁ NESTE

1
Por que você precisa disto?
COMO ESTE LIVRO FUNCIONA

8

2
Comece por aqui!
AVALIE SUA REALIDADE ATUAL

APRENDA O MÉTODO GTD®

COMPROMETA-SE COM A MUDANÇA

18

GUIA PRÁTICO

10 etapas para uma produtividade sem estresse

Saiba mais sobre o GTD®

Acompanhamento do progresso

32

204

216

1 POR QUE VOCÊ

PRECISA DISTO?

- **1** Todos precisamos ser mais produtivos
- **2** O que eu ganho com isso?
- **3** E se?
- **4** Como este livro funciona

TODOS PRECISAMOS SER

Oi! Eu sou o David, o cara que escreveu o livro *A arte de fazer acontecer: O método GTD® – Getting Things Done* para que você tenha uma vida de produtividade sem estresse.

Obviamente, acredito que todo mundo precisa aprender o que é necessário para ser mais produtivo com o mínimo esforço possível, mas **o que mais importa é o que VOCÊ acha disso**. Então peço que reserve só alguns minutos para escolher entre os dois caminhos mostrados nestas duas páginas:

COM GTD
Calma sob pressão
Carga de trabalho sob controle
Tempo e vida sob controle
Lugar confiável para ideias e tarefas
Mantém o foco com confiança e perspectiva ampla
Esvazia a caixa de entrada de e-mails
Um sistema organizado para toda a papelada

versus

MAIS PRODUTIVOS

SEM GTD
Sobrecarga e estresse
Pouco controle, excesso de trabalho
Tempo e vida fora de controle
Um sistema pouco confiável; as coisas somem
Segue o fluxo e torce pelo melhor
É soterrado pela avalanche de e-mails
Pilhas de papéis e outras coisas

Você pode achar que com uma comparação desse tipo eu estarei induzindo a sua escolha, mas a realidade é essa. Todo dia você pode optar entre um ou outro caminho e, mesmo quando as intenções são boas, talvez você não saiba onde procurar princípios e sistemas comprovados que o ajudem a se livrar da montanha de ligações, e-mails e papéis.

É aí que eu entro! Estudo a produtividade humana há muito tempo e tenho observado que a revolução digital que vivemos atualmente acelerou o problema universal de ter que fazer coisas de mais em tempo de menos.

O QUE EU GANHO COM ISSO?

Bom, se escolher seguir as instruções deste Guia Prático e realmente puser em prática as 10 etapas, então, com toda a certeza e segurança, você será o ser humano MAIS...

TRANQUILO, ORGANIZADO, FELIZ, EFICIENTE, CONFIÁVEL, E BEM-SUCEDIDO A ANDAR PELA FACE DA TERRA!

É sério! Acontece algo extraordinário quando você libera sua mente para fazer o que ela faz de melhor: pensar.

ENTÃO, POR QUE NÃO TENTAR? O QUE VOCÊ TEM A PERDER?

E se?

Se tivesse mais espaço na cabeça, o que você preferiria ser e fazer?

☐ **Mais criativo?** O que você faria?
___
___

☐ **Mais estratégico?** O que você faria?
___
___

☐ **Mais inovador?** O que você faria?
___
___

☐ **Mais amoroso?** O que você faria?
___
___

☐ **Mais presente no que faz?** O que você faria?
___
___

☐ **O que mais?**
___
___
___
___

COMO ESTE LIVRO

Trabalhar com este Guia Prático é tão simples quanto contar de 1 a 4:

1. Examine o Capítulo 2, **"Comece por aqui!"**, que vem em seguida, para ter uma ideia geral.

2. Comece a trabalhar nas 10 etapas **NO SEU PRÓPRIO RITMO**. Mas recomendamos fortemente que você:
   - *Complete as três primeiras etapas (sobre Capturar) o mais cedo possível.*
   - *Passe pelas outras etapas no seu tempo (mas saiba que o ideal é separar uma ou duas horas por semana para concluir algumas delas).*
   - *Cumpra as* **ETAPAS NA SEQUÊNCIA CORRETA**.

3. Registre seu progresso na **PÁGINA 217 DESTE GUIA PRÁTICO**. A gente tem uma sensação boa quando faz avanços e assinala os itens já concluídos.

4. Divirta-se! A princípio, essas coisas podem parecer triviais e meio chatas, mas, acredite, há um pote de ouro no fim desse arco-íris! E é bem provável que você ache divertido ir brincando dentro do seu próprio processo, com as suas coisas, na sua vida real, conforme lhe explicamos tudo. Milhares de pessoas fazem isso regularmente. Entre para o clube você também.

Você é mais criativo do que pensa!

FUNCIONA

Ao longo do livro você encontrará os símbolos a seguir, indicando conteúdos que vão ajudá-lo a alcançar um nível muito mais alto de produtividade.

 Insights Conheça algumas histórias e casos de David Allen e da comunidade que pratica o método GTD, além de dicas, truques, conselhos e citações do autor.

 Aprofundamento Vamos chamar atenção para alguns princípios sobre os quais vale a pena aprofundar seu conhecimento. Mostraremos o que você deve acessar para aprender mais – seja neste Guia Prático, no livro *A arte de fazer acontecer: O método GTD®* ou em outros locais por meio de QR codes e links.

 Perguntas frequentes Aprenda com as perguntas e respostas mais comuns, uma cortesia de David e da comunidade GTD.

 Aja agora! Sempre que vir este símbolo, saiba que essa é a hora e o lugar no Guia Prático para agir com base no que aprendeu. É o momento de escrever quaisquer ideias, pensamentos e insights que possam ajudá-lo a ser mais produtivo.

 Acompanhamento do progresso Como mencionamos no item 3, na página à esquerda, esse é o lugar para registrar seus avanços.

 Checklists Depois de completar as etapas associadas a cada um dos 5 passos do GTD, você encontrará um checklist com um breve resumo dos assuntos tratados até ali. Esses checklists vão ajudá-lo a avançar enquanto continua a aplicar o GTD na sua vida. Pense neles como uma "cola" resumida do que você precisa fazer.

> "Seja constante e bem organizado na vida para que possa ser impetuoso e original em seu trabalho."

—GUSTAVE FLAUBERT

▶ COMECE

2

POR AQUI!

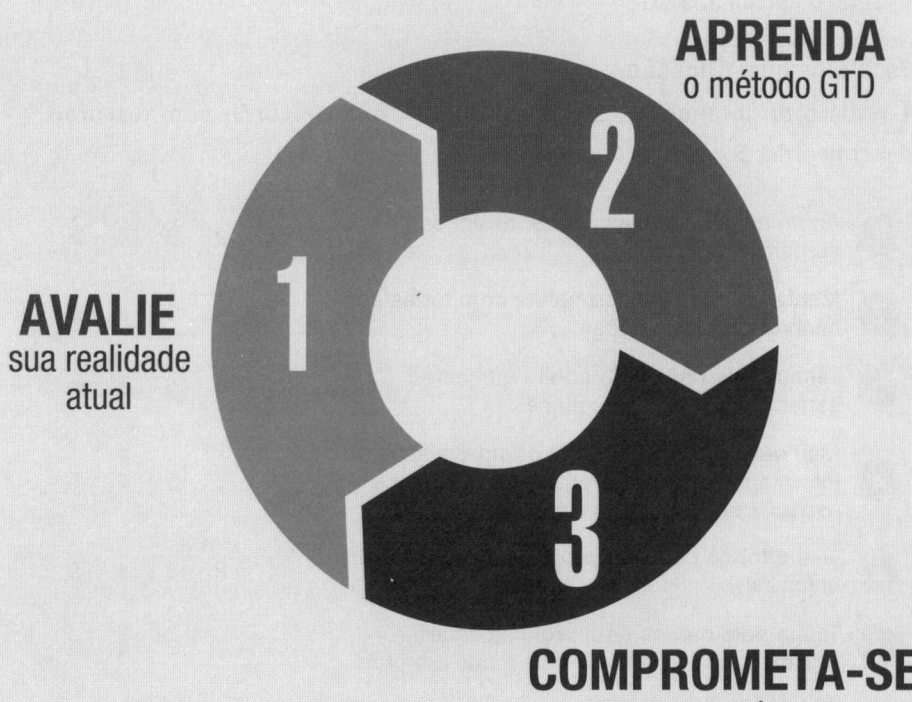

APRENDA
o método GTD

AVALIE
sua realidade
atual

COMPROMETA-SE
com a mudança

AVALIE SUA REAL

❗ Uma autoavaliação (breve mas superútil) da sua realidade atual

Antes de mergulharmos no GTD, vamos avaliar como você está administrando as coisas em geral. Considere tanto a vida profissional quanto a pessoal na hora de responder às questões a seguir. Vale a pena ser mais produtivo nos dois cenários. Tanto em um quanto em outro é bom ter controle e uma perspectiva ampla. Responda a cada uma das declarações usando a escala abaixo:

Escala de classificação

1 = discordo totalmente; **2** = discordo; **3** = não concordo nem discordo; **4** = concordo; **5** = concordo plenamente

1	Anoto ideias e coisas a fazer assim que surgem.	1 2 3 4 5
2	Mantenho uma lista completa com todas as minhas próximas ações.	1 2 3 4 5
3	Tenho registrado tudo aquilo que estou esperando de outras pessoas.	1 2 3 4 5
4	Meu calendário só contém compromissos ou informações de que preciso naqueles dias específicos.	1 2 3 4 5
5	Tenho todos os meus projetos atuais em uma única lista.	1 2 3 4 5
6	Tenho pelo menos uma próxima ação registrada para cada um dos meus projetos.	1 2 3 4 5
7	Esvazio minha caixa de entrada de e-mails praticamente todo dia, examinando cada um deles e pondo-os no lugar certo.	1 2 3 4 5
8	Quando necessário, consigo armazenar e acessar facilmente o material de referência, seja digital ou em papel.	1 2 3 4 5

DADE ATUAL

9	Tenho caixas de entrada físicas em todos os lugares onde preciso capturar papéis e outras coisas que chegam.	1	2	3	4	5
10	Esvazio a(s) minha(s) caixa(s) de entrada física(s) praticamente todo dia.	1	2	3	4	5
11	Quando me atraso ou fico sobrecarregado, sei voltar aos trilhos me engajando em minhas próximas ações, meus projetos e meu calendário.	1	2	3	4	5
12	Reservo um tempo toda semana para pôr tudo em dia e rever como estou indo em minha vida profissional/pessoal.	1	2	3	4	5
13	Tenho um lugar confiável onde posso procurar e encontrar facilmente informações adicionais e de suporte a qualquer projeto em que esteja trabalhando.	1	2	3	4	5
14	Tenho um esquema que me ajuda a escolher a melhor coisa em que trabalhar em qualquer momento específico.	1	2	3	4	5
15	Quando ocorrem interrupções ou demandas inesperadas, posso avaliar facilmente sua prioridade em relação a tudo o mais que tenho que fazer.	1	2	3	4	5

Some sua pontuação = _____ (de 75)

Explicação da pontuação

15 a 30: Você realmente precisa deste Guia Prático. Não se preocupe, vamos explicar tudo passo a passo.

31 a 46: Você já tem uma ideia do que é levar uma vida produtiva.

47 a 62: Você está indo bem! Continue!

63 a 75: Você está no caminho da maestria no GTD! Este último ajuste fino vai lhe causar um impacto enorme.

No final deste Guia Prático você terá a oportunidade de se reavaliar para ver quanto progrediu.

APRENDA O MÉTO

O método GTD para gerenciar o fluxo de trabalho e alcançar a produtividade sem estresse consiste em 5 passos. **É importante que você entenda isso, porque as 10 etapas com que vai se envolver neste livro se enquadram nesses 5 passos.** Além disso, é sempre bom ter a visão do quadro mais amplo antes de mergulhar nos detalhes.

Os 5 passos do GTD

- PASSO 1 — CAPTURAR
- PASSO 2 — ESCLARECER
- PASSO 3 — ORGANIZAR
- PASSO 4 — REFLETIR
- PASSO 5 — ENGAJAR

CINCO PASSOS

Aprenda mais sobre os 5 passos do GTD no vídeo de David Allen na seção "Material extra" (página 206).

DO GTD

Para compreender o GTD e o valor que ele pode oferecer a você, é útil entender o fluxo de trabalho e a importância de ter um sistema. Esse sistema, aliás, precisa ser **externo** – apenas sua cabeça não serve (os cientistas que estudam o cérebro concluíram que a cabeça é um péssimo escritório).

Fluxo de trabalho

O fluxo de trabalho é a sequência de atividades que leva os inputs (ou entradas) e os compromissos da fase inicial à conclusão. Abrange todas as coisas que chegam até você de fontes externas e do seu próprio pensamento, o modo de acompanhar tudo isso e o que fazer com elas até que sejam finalizadas ou descartadas. Inclui aquela solicitação da diretoria, a ideia que você teve para a campanha de marketing, um arquivo sobre um projeto futuro e aquele e-mail do vizinho a respeito da coleta de lixo. O GTD vai ajudá-lo justamente a administrar esse fluxo de coisas tanto pessoais quanto profissionais que exigem sua atenção.

Sistema

Você também precisa de um sistema que seja ao mesmo tempo completo e à prova de vazamentos. Acima de tudo, precisa ser confiável. Imagine como seu estresse vai diminuir quando você estiver seguro de que nada lhe escapará porque tem uma lista abrangente das atividades e dos projetos de que precisa cuidar e sabe onde localizar a informação de que necessita. Ao implementar cada parte, passo a passo, você descobrirá que pode depositar nesse sistema a sua confiança. Depois disso, você se apoiará nele como em um cão-guia fiel. Aprenderá a depender desse sistema e saberá que pode contar com ele, porque cuida do que está ali e interage quase todos os dias. Dessa maneira, não precisará mais guardar as coisas dentro da cabeça, não precisará mais se lembrar de fazer isso ou aquilo e os outros vão descobrir que podem contar com você. O mais importante é que você será capaz de contar consigo mesmo! Sua autoconfiança vai aumentar, seu estresse vai diminuir e você estará no caminho para ser um mestre do GTD.

1º passo: Capturar

Neste primeiro passo, você deve se assegurar de **capturar** tudo que chega até você. Isso inclui e-mails, papéis, anotações de reuniões e compromissos que surgem em reuniões e conversas. Também inclui ideias que você tenha, qualquer coisa na sua mente de que precise lembrar depois e qualquer coisa que receba sua atenção. Isso significa quaisquer "poderia", "deveria", "precisaria" e "talvez queira" que pesam na sua mente mas que você ainda não documentou.

Você vai reunir esses itens em um lugar de confiança. Isso NÃO SIGNIFICA que terá que fazer todas essas coisas agora mesmo; neste passo, você simplesmente *captura* as coisas para depois. Ao longo deste Guia Prático e como parte das 10 etapas, falaremos sobre as melhores maneiras de capturar esses itens. As principais são:

- bandeja física para papéis;
- papel e caneta;
- smartphone para fazer anotações ou gravar áudios com lembretes;
- e-mails e mensagens.

Com o GTD, você tornará essas ferramentas parte de seu estilo diário de vida e de trabalho.

Neste passo e no próximo, veja os vídeos especiais de David Allen na seção "Material extra", a partir da página 206.

2º passo: Esclarecer

Depois de capturar essas coisas, o passo seguinte é **esclarecer** ou processar cada item para determinar o que precisa ser feito com ele. Você aprenderá as melhores práticas para esclarecer os e-mails, as mensagens e as pilhas de anotações feitas em reuniões que forem surgindo.

Neste passo, você tira suas coisas da "Entrada" e põe onde precisam estar. Esclarece o que é cada item que capturou e determina qual a próxima ação a executar em relação àquele item. É "lixo"? Ou se tata de "em espera para revisar posteriormente"?

POR QUE ESCLARECER É TÃO IMPORTANTE

Você tem toda essa papelada e outros itens na sua caixa de entrada agora. E-mails que não param de chegar. Além disso, existem todas essas ideias e próximas ações que capturou na Varredura Mental (que explicaremos adiante).

Sem esclarecer, todas as coisas que você capturou permanecem na "Entrada". Sem esclarecer, mesmo que você tenha capturado cada item, seu sistema não será à prova de vazamentos. Sem o esclarecimento completo, não há produtividade sem estresse. Suas coisas continuam a ser só coisas.

**Você precisa pensar nos seus problemas
mais do que imagina, mas não tanto quanto receia.**

DAVID ALLEN

3º passo: Organizar

Depois de esclarecer cada item, você o coloca no lixo ou no lugar apropriado do seu sistema confiável, para que possa acessá-lo quando precisar. O passo **Organizar** garante que o lugar em que cada coisa está coincida com o lugar onde você espera encontrá-la. Você aprenderá a organizar os itens que demandam ação usando:

- um calendário que está sempre atualizado;
- uma lista de seus projetos e suas próximas ações;
- uma lista do que está aguardando de terceiros;
- arquivos para planejamento de projetos e materiais de referência.

> Não sou naturalmente organizado (pergunte à minha esposa!). Sou naturalmente preguiçoso. Detesto ter que pensar de novo sobre o que é determinada coisa e o que significa para mim. É por isso que ponho a coisa no lugar certo, para que esse raciocínio seja feito uma única vez. Assim, fico livre para simplesmente escolher em que me engajar naquele momento.
>
> **DAVID ALLEN**

4º passo: Refletir

Quando reserva um tempo para **refletir** e pôr tudo em dia, você tem o controle de tudo que quer fazer ou daquilo que demanda alguma ação sua. Com isso, terá uma perspectiva mais ampla das suas atividades, além de tempo para conferir e ajustar seu sistema GTD.

Esse tempo de reflexão fará parte da sua programação. Trata-se de um componente central do método GTD: a Revisão Semanal®.

**Faça algo a respeito do que está pensando
e pense no que está fazendo.**

**De vez em quando precisamos gerenciar a floresta
em vez de apenas abraçar as árvores.**

DAVID ALLEN

5º passo: Engajar

Quando você está *fazendo* seu trabalho, o passo **Engajar** envolve executar as ações apropriadas para completar esse trabalho com confiança. Escolher o que fazer nesse momento e confiar que é a escolha certa são os componentes deste último passo do método GTD.

Você verá como deve escolher em que trabalhar com base em onde está e de quanto tempo e energia dispõe no momento, e com base nos vários níveis dos seus compromissos consigo mesmo e com os outros.

Faça. Ou não faça. Tentativa não há.

YODA

COMPROMETA-SE

Onde você gostaria de estar quando terminar este Guia Prático e implementar o GTD? Imagine que não houvesse nada impedindo você de obter o que quer. Permita-se pensar grande e imaginar que não teria como falhar. No espaço em branco mais abaixo, liste o que quer para si.

1. O que deseja realizar nos próximos três a seis meses, no trabalho e na vida pessoal?
2. Como quer estar em termos de nível de estresse e de confiança? Como gostaria de se sentir?
3. Quais são os dois ou três problemas que mais quer resolver com a melhora da produtividade?
4. Quando a vida ficar difícil, o que dirá a si mesmo para continuar avançando até o fim deste Guia Prático e obter o que deseja com este trabalho?
5. Com quem compartilhará seus pensamentos e compromissos descritos nesta página? (A mudança fica mais fácil quando você tem que dar satisfação sobre ela a pelo menos uma outra pessoa.)

COM A MUDANÇA

"Dizem que o tempo muda as coisas, mas na verdade é você mesmo quem tem que mudá-las."

—ANDY WARHOL

10 ETAPAS

3

PARA UMA PRODUTIVIDADE SEM ESTRESSE

ACOMPANHE SEU

Há 10 etapas ou atividades que formam o "fazer" do GTD. Quando seguir as instruções dessas etapas passo a passo, você terá instalado seu sistema GTD.

A realidade é a seguinte: *você já tem coisas demais a fazer na atual situação*. Então, ver algum progresso pode mantê-lo motivado, e é por isso que recomendamos registrá-lo na última seção do livro.

O GTD é constituído por 5 passos. A tabela a seguir nos mostra como esses passos se relacionam com as 10 etapas. Não se preocupe em decorar essa relação agora: ela será reforçada no decorrer do Guia Prático.

CINCO PASSOS

PROGRESSO

AS 10 ETAPAS DO GTD

CAPTURAR

1ª etapa	Capture todos os papéis em uma caixa de entrada	DATA
2ª etapa	Escolha sua ferramenta de captura	DATA
3ª etapa	Faça uma Varredura Mental	DATA

ESCLARECER

4ª etapa	Esvazie a caixa de entrada física	DATA
5ª etapa	Esvazie a caixa de entrada de e-mails	DATA

ORGANIZAR

6ª etapa	Crie sua lista de Próximas Ações e outras listas	DATA
7ª etapa	Acompanhe seus projetos em uma única lista	DATA
8ª etapa	Crie pastas para se manter organizado	DATA

REFLETIR E ENGAJAR

9ª etapa	Faça a Revisão Semanal do GTD	DATA
10ª etapa	Conduza uma revisão diária	DATA

> "A maneira de deixar tudo sob controle, seja sua cozinha, sua empresa ou sua consciência, é capturar, esclarecer, organizar, refletir e se engajar no que for."

— DAVID ALLEN

1ª ETAPA
Capture todos os papéis em uma caixa de entrada

Por que você precisa desta etapa

Se você se identifica com as situações a seguir:

- Você tem pilhas de papéis, pastas, anotações, Post-its e lembretes à sua volta esperando para ser gerenciados assim que você "arranjar tempo para isso".
- Não consegue encontrar as anotações do telefonema da semana passada que incluem as informações necessárias para a reunião de hoje.

Se você se acha sobrecarregado e sente que tudo está fora de controle, que não há um jeito claro de recuperar o controle sem gastar horas ou dias tentando se organizar...

Se esse é o seu caso, então esta etapa é o primeiro passo para chegar ao estado de organização com que sempre sonhou. É o ponto de partida para implementar seu sistema GTD, que ajudará a garantir que esses problemas sejam resolvidos e permaneçam sob controle pelo tempo que você mantiver o uso do método.

> Se você não prestar atenção no que chama sua atenção, isso demandará mais atenção do que merece.
>
> **DAVID ALLEN**

Checagem da realidade!

Dedique alguns minutos a fazer uma rápida análise de tudo que você tem de papéis e outros itens físicos na sua vida neste momento. Marque abaixo as alternativas que se encaixam na sua realidade e complete com a quantidade de lugares onde essas coisas podem ser encontradas.

Coisas	Número de lugares
☐ Pilhas de papéis	
☐ Post-its	
☐ Lembretes	
☐ Listas de tarefas	
☐ Cadernos ou blocos com anotações	
☐ Calendários de papel	
☐ Outros produtos de papel que você usa	
☐ Coisas variadas no seu espaço físico ou em torno dele que não estão nem onde nem como deveriam estar	

1ª ETAPA
Passo a passo

1º **passo.** Compre bandejas para papéis que servirão como caixa de entrada física.

2º **passo.** Reúna folhas soltas, anotações e lembretes e coloque-os na caixa de entrada apropriada.

1º passo. Compre bandejas para papéis que servirão como caixa de entrada física.

Caso você trabalhe fora, mantenha uma bandeja no escritório e outra em casa, para uso doméstico ou pessoal. Caso trabalhe em casa, use apenas uma.

A caixa de entrada é o dormitório onde todos os papéis que chegarem morarão temporariamente. Ela conterá esses itens até você estar pronto para os próximos passos (de que trataremos em etapas posteriores).

> Sua *caixa de entrada de trabalho* deve ficar ao alcance da mão, normalmente sobre a escrivaninha.
>
> Sua *caixa de entrada de casa* deve ficar em um local que seja conveniente para você e para que os outros moradores possam pôr nela anotações, correspondência e outros itens para você.

PARE

> Antes de avançar nesta etapa, compre as duas bandejas para papéis, identifique-as com uma etiqueta como "Entrada" e coloque-as nos locais sugeridos.

2º passo. Reúna folhas soltas, anotações e lembretes e coloque-os na caixa de entrada apropriada.

- Reúna toda a correspondência, listas de tarefas, lembretes, Post-its e qualquer outra coisa que exija sua atenção. Absolutamente tudo.
- Deposite os itens de trabalho na respectiva caixa de entrada.
- Deposite os itens pessoais ou domésticos na caixa de entrada de casa.

Esta importante etapa é a primeira parte essencial da sua nova prática com o GTD. Ao cumpri-la, provavelmente você terá uma sensação imediata de que está dando passos positivos para se organizar e assumir o controle de toda a papelada e das coisas que estão por aí e que surgem na sua vida todo dia. Sua caixa de entrada deve ser o único local de aterrissagem de tudo que chega.

E AGORA?

Para onde toda a papelada e as outras coisas irão depois? Em uma etapa posterior intitulada "Esvazie a caixa de entrada física", você aprenderá as melhores práticas sobre o que fazer com esses itens. Mas não avance para lá ainda. Em vez disso, continue na sequência, com a 2ª etapa.

Durante décadas, minha esposa, Kathryn, e eu tivemos uma caixa de entrada em casa para cada um de nós. Hoje em dia, estamos morando em Amsterdã. Cada caixa de entrada tem uma etiqueta com o nome da pessoa e é o lugar designado para correspondência, anotações ou itens que deixamos lá quando o outro não está disponível ou não queremos nos interromper.

Dessa forma, podemos desfrutar da companhia um do outro sem nos distrairmos com todos os "negócios da vida", ou coisas que podem se intrometer, pois nós dois mantemos um sistema para processá-los.

Aliás, em holandês, "caixas de entrada" são *inbakjes*.

**Parabéns!
Você terminou a 1ª etapa com sucesso!**

**Vá para a página 217 do Guia Prático e atualize o
Acompanhamento do Progresso com a data de hoje.**

"Sua mente serve para *ter* ideias, não para *armazená-las.*"

—DAVID ALLEN

2ª ETAPA
Escolha sua ferramenta de captura

Por que você precisa desta etapa

- Já saiu de uma reunião ou conversa achando que tinham chegado a um acordo, mas, ao voltar para sua mesa, percebeu que **nada avançou**? Nem para você nem para os outros?

Em geral, quando nada avança é porque ninguém capturou *o item que demanda ação*. Próximas ações são fundamentais para fazer as coisas progredirem. Capturar – e monitorar – os itens que demandam ação é importantíssimo para o seu sucesso.

Em uma etapa posterior você criará uma lista de Próximas Ações. Sem capturar as coisas que precisam de ação, elas não são lembradas e não acontecem. Em resumo, escapam por entre os dedos. Capturar evita que isso aconteça.

Esta etapa de capturar os itens que demandam ação registrando-os por escrito é um estímulo poderoso para que você e os outros continuem avançando de maneira produtiva. Além de melhorar sua capacidade de concluir coisas, essa prática simples estimulará nos outros que o cercam o foco na ação.

O QUE AS PESSOAS ESTÃO DIZENDO

"Já faz anos que capturo as próximas ações. Nem dá para contar o número de vezes que usei a captura com qualquer pessoa com quem eu estivesse trabalhando – membros da equipe, clientes, fornecedores, familiares. Enquanto eles fazem uma 'anotação mental', pego meu caderno e escrevo. Eles sabem que estou levando a sério o que dizem e respeitam isso."

"O bloquinho que tenho sempre à mão é incrível! Uso-o constantemente. Ele vai comigo para todo lugar."

"Dito um e-mail para mim mesmo a qualquer momento, em qualquer lugar. Essa prática mudou meus hábitos."

2ª ETAPA
Passo a passo

1º **passo.** Tenha sempre à mão uma ferramenta de captura.

2º **passo.** Capture cada ideia ou item que demande ação no momento em que ocorrerem, principalmente durante reuniões, conversas e reflexões pessoais.

3º **passo.** Pelo menos uma vez por dia reúna as anotações capturadas e as deposite na sua caixa de entrada.

1º passo. Tenha sempre à mão uma ferramenta de captura.

Pode ser tanto o celular quanto papel e caneta.

SMARTPHONE

Talvez você prefira usar o celular, porque, para a maioria das pessoas, ele está sempre por perto. Algumas possibilidades são:

- usar um aplicativo de notas para escrever;
- usar um aplicativo de gravação de voz para ditar lembretes; ou
- enviar um e-mail a si mesmo.

PAPEL E CANETA

Se prefere papel e caneta, tenha sempre no bolso ou na bolsa um bloquinho e uma caneta.

Veja o que David diz: "Uns 95% das minhas capturas são feitos com tecnologia simples: papel e caneta. Isso elimina minha resistência a capturar. Não exige cliques, baterias nem wi-fi!"

Checagem da realidade!

Qual é a sua preferência? Cada um tem a sua. Reserve um momento para ser sincero consigo mesmo e descobrir qual é a ferramenta de captura que naturalmente o atrai. Não adote uma ferramenta que acha que gostaria de usar só porque é bacana ou prática.

1. Não existe certo ou errado aqui – apenas o que funciona para você. Você se considera um usuário mais do digital ou do papel?
2. Como você tipicamente captura coisas hoje? Anotações digitais, anotações escritas, e-mails, gravação de áudio?
3. Se você fosse escolher uma maneira ideal para capturar suas próximas ações, como você gostaria de fazer?

2º passo. Capture cada ideia ou item que demande ação no momento em que ocorrerem, principalmente durante reuniões, conversas e reflexões pessoais.

Não deixe mais nenhuma boa ideia nem ações que foram combinadas se perderem.

> Eis alguns exemplos de como os praticantes do GTD capturam as ideias e as próximas ações na hora em que ocorrem:
>
> "Escrevo coisas em cartões que levo na bolsa."
>
> "Mando e-mails para mim mesmo pelo celular."
>
> "Anoto as coisas no bloquinho que levo no bolso."
>
> "Deixo um caderno e uma caneta em todas as minhas mesas para anotar qualquer coisa que apareça."

3º passo. Pelo menos uma vez por dia reúna as anotações capturadas e as deposite na sua caixa de entrada.

Você tem anotações de reuniões, registros aleatórios e ideias que passou para o papel. Pegue tudo isso e ponha na sua caixa de entrada.

Outra possibilidade é, no decorrer do dia, passá-las diretamente para a lista apropriada (digital ou de papel), como as de Próximas Ações, Aguardando Resposta, Algum dia/Talvez ou alguma outra. (Você criará essas e outras listas mais adiante.)

É isso. Simples... e poderoso.

Perguntas frequentes

Sobre escolher sua ferramenta de captura

E quando meu parceiro ou minha equipe não praticam o GTD? Ainda posso capturar as próximas ações na frente deles?
Sim. Você pode ajudar a dar foco e influenciar a produtividade e as ações das pessoas que o cercam com essa prática simples. Nas equipes em que os membros são praticantes do GTD, isso vira norma. Mas, mesmo que seja o único a usar o método, você pode inspirar mudanças na cultura quando trabalha dessa maneira.

Preciso de ferramentas de captura tanto em casa quanto no escritório?
Precisa. E provavelmente serão as mesmas. É bom ter algo prático e confiável onde estiver.

Uma ferramenta de captura é melhor do que outra?
Não necessariamente. A melhor ferramenta de captura é aquela que você acha fácil e rápida de usar. Quadros brancos são apagados, Post-its somem e nenhum deles é tão eficaz quanto um bloquinho ou um smartphone.

Quantas ferramentas de captura devo ter?
Quanto menos, melhor. Embora o smartphone possa estar sempre com você, um caderno é bom para fazer anotações durante reuniões ou telefonemas.

Certifique-se de transferir diariamente esses itens capturados para sua caixa de entrada ou para uma de suas listas.

Você melhora exponencialmente sua produtividade e sua criatividade quando adota o hábito de capturar as coisas certas na hora certa. Capturar itens que potencialmente demandam ação no momento em que ocorrem ajuda a tirar as coisas da cabeça e passá-las para o papel ou um aparelho digital. Fazer isso vai levá-lo a realizar mais, tanto no trabalho quanto em casa.

**Parabéns!
Você terminou a 2ª etapa com sucesso!**

Vá para a página 217 do Guia Prático e atualize o Acompanhamento do Progresso com a data de hoje.

"Sua mente é um péssimo escritório."

— DAVID ALLEN

3ª ETAPA
Faça uma Varredura Mental

Por que você precisa desta etapa

Na **1ª etapa** você CAPTUROU todos os papéis e coisas que apareceram.

Na **2ª etapa** você identificou como CAPTURAR todas as ideias e próximas ações que chegam até você ao longo do dia.

Na **3ª etapa** você vai CAPTURAR todas as coisas que tem na cabeça, passando-as para o papel. Sua mente serve para *ter* ideias, não para *armazená-las*. Fazer a Varredura Mental lhe permite tirar as coisas da cabeça e colocá-las no seu sistema GTD.

Se for como a maioria das pessoas, você terá muitas coisas em mente que precisam ser capturadas e anotadas. A verdade é que você deveria escrever tudo que chamar sua atenção, como:

- coisas que você se comprometeu a fazer;
- coisas que quer fazer;
- coisas que está pensando em fazer;
- ideias criativas que você não quer deixar escapar.

Quando escreve, você tira essas coisas da cabeça e põe no papel e na sua caixa de entrada. Também é provável que descubra que a Varredura Mental simplesmente faz você *se sentir melhor*. Sua mente tem mais clareza e liberdade. Não há mais nada de que você fique tentando se lembrar ou que tenha medo de esquecer.

Mente como Água®

Imagine ter um espaço mental completamente limpo, sem nada improdutivo distraindo nem pressionando você. Você seria capaz de dedicar cem por cento da sua atenção ao que estivesse fazendo. Estaria presente no momento. O controle da sua atenção estaria ao seu alcance.

"Mente como Água" é a experiência de alcançar o estado em que a mente está limpa e você é capaz de se concentrar livremente no que quer. Você está preparado para tudo. O método GTD como um todo, e especialmente esta etapa, é projetado para levar você até lá: esvaziar sua cabeça com uma Varredura Mental regular.

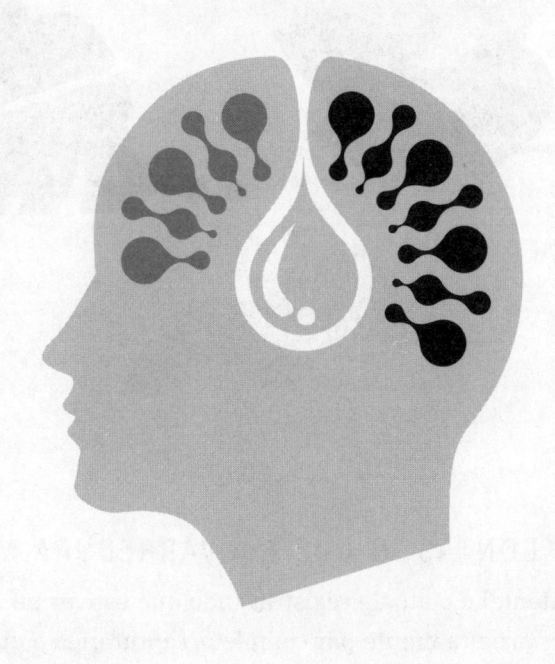

3ª ETAPA
Passo a passo

1º passo. Reserve de 20 a 30 minutos para a Varredura Mental.

2º passo. Complete sua primeira Varredura Mental.

3º passo. Coloque em sua caixa de entrada o que capturou.

1º passo. Reserve de 20 a 30 minutos para a Varredura Mental.

AFINAL DE CONTAS, O QUE É A VARREDURA MENTAL?

A Varredura Mental é o ato de registrar tudo que estiver na sua cabeça. É um modo de esvaziar a mente por completo, capturando o que estiver nela e pondo tudo no papel.

2º passo. Complete sua primeira Varredura Mental.

1. Procure um lugar tranquilo, se possível onde você possa trabalhar nesta etapa.
2. Tenha caneta e papel à mão. Você também pode usar as próximas páginas deste Guia Prático, se preferir.
3. Comece a capturar *cada* ideia, pensamento ou projeto que esteja em sua mente e que chame sua atenção. Pense nisso como um esvaziamento cerebral *completo*.
4. Pôr cada pensamento em uma folha de papel separada facilita as próximas etapas, mas registrá-los em uma longa lista ou até gravar a si mesmo ditando-os em um aparelho digital também dá certo, se você preferir.

Varredura Mental

Varredura Mental

Varredura Mental

Varredura Mental

3º passo: Coloque em sua caixa de entrada o que capturou.

Junte todas as folhas de papel, as listas que fez e outros artigos variados em sua caixa de entrada física.

> O mais interessante de uma caixa de entrada em bom funcionamento é que você não precisa pensar nas coisas nem decidir nada até que esteja pronto para isso – e também não perde nada valioso sobre o qual possa pensar e decidir posteriormente.

E AGORA?

Para onde todas essas coisas vão depois? Na etapa posterior, intitulada "Esvazie a caixa de entrada física", você aprenderá as melhores práticas para resolver o que fazer com esses e outros itens capturados.

Aflição e alívio

É comum sentir tanto *aflição* quanto *alívio* depois de uma Varredura Mental.

A **aflição** pode vir do aparecimento de itens que estavam escondidos em sua mente há muito tempo. Eles podem incluir coisas que prometeu a si mesmo ou aos outros. Agora esses itens estão no seu sistema e você pode decidir o que fazer com eles.

O **alívio** vem de tirar todos esses itens da sua cabeça e colocá-los no seu sistema. Ter uma ideia da sua realidade atual, para o bem ou para o mal, é sempre um ponto de partida positivamente produtivo.

Futuras Varreduras Mentais

Para as Varreduras Mentais que fizer no futuro, use as Listas de Gatilhos de Pendências – pessoais e profissionais – a seguir para estimular mais coisas a capturar.

Lista de Gatilhos de Pendências para Varreduras Mentais:
Lista PESSOAL
O que chama sua atenção?

PESSOAL
PROJETOS iniciados e não concluídos
PROJETOS que precisam ser iniciados
PROJETOS que tenho com outras organizações
Projetos que PRECISAM DE MAIS PESQUISA
ACORDOS FEITOS COM TERCEIROS E PROMESSAS FEITAS A OUTRAS PESSOAS
COMUNICAÇÕES A FAZER/RECEBER
PRÓXIMOS EVENTOS
ADMINISTRAÇÃO
LAZER
FINANÇAS
ANIMAIS DE ESTIMAÇÃO
ASSUNTOS JURÍDICOS
AGUARDANDO RESPOSTA
FAMÍLIA
CASA/NEGÓCIOS DOMÉSTICOS
SAÚDE
DESENVOLVIMENTO PESSOAL
TRANSPORTE
VESTUÁRIO
COISAS PARA RESOLVER NA RUA
COMUNIDADE

Futuras Varreduras Mentais

Lista de Gatilhos de Pendências para Varreduras Mentais:
Lista PROFISSIONAL
O que chama sua atenção?

PROFISSIONAL
PROJETOS iniciados e não concluídos
PROJETOS que precisam ser iniciados
Projetos que PRECISAM DE MAIS PESQUISA
ACORDOS FEITOS COM TERCEIROS E PROMESSAS FEITAS A OUTRAS PESSOAS
COMUNICAÇÕES A FAZER/RECEBER
TRABALHOS ESCRITOS A TERMINAR/APRESENTAR
LER/REVISAR
FINANÇAS
PLANEJAMENTO/ORGANIZAÇÃO
DESENVOLVIMENTO ORGANIZACIONAL
MARKETING/PROMOÇÃO
ADMINISTRAÇÃO
EQUIPE/SÓCIOS
SISTEMAS
VENDAS
REUNIÕES
AGUARDANDO RESPOSTA
DESENVOLVIMENTO PROFISSIONAL
GUARDA-ROUPA PROFISSIONAL

Perguntas frequentes

Sobre fazer uma Varredura Mental

Em geral, quanto tempo leva uma Varredura Mental?

Você pode levar de 20 minutos a uma hora ou mais para esvaziar a mente e anotar cada item. As primeiras vezes demoram mais; provavelmente você terá muita coisa para "fazer download". Quando as Varreduras Mentais forem regulares, deverão tomar menos tempo. Por outro lado, pode ser que perceba que é um processo muito útil e criativo para você e que o tempo adicional vale a pena.

Qual é o melhor lugar e a melhor hora do dia para fazer uma Varredura Mental?

Você pode fazer a Varredura Mental sempre que tiver um tempo para isso e em qualquer lugar onde tiver papel à mão. Os praticantes de GTD mais experientes fazem uma breve Varredura Mental sempre que têm alguns minutos extras – na sala de espera do dentista, em viagens de avião, etc.

Gosta de ficar perto da natureza? Então experimente uma Varredura Mental ao ar livre. Na verdade, às vezes estar junto à natureza facilita o relaxamento da mente, o que é perfeito para a varredura.

Se eu deparar com algo que conseguiria concluir rapidamente, na mesma hora, posso ir em frente e fazer isso?

É claro que sim. Mas o benefício desse processo é se permitir o luxo de esvaziar a mente sem se distrair com o "fazer". A prática mais recomendada é tornar esta etapa um passo separado. Depois de concluir sua Varredura Mental, aí, sim, execute a ação que escolheu. Sem dúvida será uma opção melhor.

Realizar a Varredura Mental com regularidade fará você se sentir melhor porque ela limpa a sua mente. Lembre-se de que ela serve para *ter* ideias, não para *armazená-las*. Tire essas ideias da cabeça e passe-as para o papel; você se sentirá mais equilibrado mentalmente, com menos estresse.

> Você eleva às alturas sua produtividade e sua criatividade quando adota o hábito de capturar as coisas potencialmente importantes na hora em que ocorrem.

Parabéns!
Você terminou a 3ª etapa com sucesso!

Vá para a página 217 do Guia Prático e atualize o Acompanhamento do Progresso com a data de hoje.

PASSO 1	**CAPTURAR**

PASSO 2	
PASSO 3	
PASSO 4	
PASSO 5	

CINCO
PASSOS

Seu checklist para as etapas de Capturar

1ª etapa: Capture todos os papéis em uma caixa de entrada
- [ ] Tenho uma caixa de entrada no meu local de trabalho.
- [ ] Tenho uma caixa de entrada em casa ou para uso pessoal.
- [ ] Pelo menos uma vez por dia, reúno as listas, anotações e recados a retornar e coloco tudo na minha caixa de entrada.
- [ ] Quando um item é grande demais para ficar dentro da caixa de entrada, escrevo um bilhete que o descreve e o deposito na caixa.

2ª etapa: Escolha sua ferramenta de captura
- [ ] Tenho sempre à mão uma ferramenta de captura, como o smartphone ou papel e caneta.
- [ ] Capturo cada ideia ou próxima ação quando ocorrem, principalmente em reuniões e conversas.

3ª etapa: Faça uma Varredura Mental
- [ ] Concluí minha primeira Varredura Mental e passei para o papel tudo que estava na minha cabeça, tanto ligado ao trabalho quanto pessoal.
- [ ] Escrevi cada ideia em uma folha de papel separada, em uma lista ou na seção específica deste Guia Prático e as coloquei na minha caixa de entrada para serem esclarecidas posteriormente.
- [ ] Agendei um horário regular para fazer a Varredura Mental.

> "O compromisso mantido apenas na sua cabeça receberá ou atenção de mais, ou atenção de menos."

— DAVID ALLEN

4ª ETAPA
Esvazie a caixa de entrada física

Por que você precisa desta etapa

Agora você tem todos os seus papéis e outros itens nas suas caixas de entrada e capturou as próximas ações. Chegou a hora de tirá-las da "Entrada" e determinar o que fazer com cada item, para que:

- você tenha mais controle do seu trabalho, com menos estresse e mais produtividade;
- você saiba que nada importante está sendo esquecido;
- seu nível de tensão seja menor;
- você se **sinta** mais no controle do seu trabalho e da sua vida.

Este é um passo *fundamental*, que exige um processo específico do GTD para a tomada de decisões.

Quando você esvazia sua caixa de entrada, *não significa* que todo o seu trabalho foi feito. Só significa que você tomou decisões sobre o que fazer com todos os itens da sua caixa de entrada e que os colocou onde deveriam estar. Esta etapa exige que você também tenha instalado outras partes do seu sistema GTD, que criaremos no próximo passo do programa: **Organizar**. Você verá mencionadas aqui as categorias Aguardando Resposta, Próximas Ações, Algum dia/Talvez e Referência. Aguente firme. Chegaremos lá.

Por que sua caixa de entrada está cheia

Se você veio cumprindo as etapas em sequência, sua caixa de entrada provavelmente está abarrotada de *coisas* que precisam da sua atenção. Isso não é ruim nem errado, mas, se ficarem lá tempo demais, elas vão bloquear a produtividade sem estresse. A caixa de entrada pode ficar cheia e assim permanecer por três razões:

1. Você tem muitas coisas chegando e sabe que esse é o lugar para reuni-las. Que bom!
2. Você não criou nenhum sistema para esvaziá-la. Se não tiver um sistema para guardar e fazer um acompanhamento dos itens importantes, a caixa de entrada se tornará um depósito, o que é muito ineficiente. Na próxima etapa você criará listas e um sistema completo de arquivamento. (Reconhecemos aqui o problema do ovo e da galinha: aprender os passos do GTD em sequência ou sair da sequência. Vamos tratar disso em seguida.)
3. Você não confia no seu sistema. Se criou suas listas e pastas mas não as usa, talvez você não acredite em nada do que estamos falando. Quando usa esses recursos constantemente, você constrói confiança no seu sistema e não há gargalos no fluxo de coisas que chegam até você.

> **Ter um "sistema confiável" significa que, além de confiar no conteúdo do seu "cérebro externo", você se engajará nas partes apropriadas nos momentos apropriados.**
>
> **DAVID ALLEN**

A Regra dos Dois Minutos

Agora já está óbvio que você deve examinar e esclarecer todos os itens na sua caixa de entrada. Então chegou a hora de entender e implementar a "Regra dos Dois Minutos", que é um método para fazer as coisas avançarem rapidamente e reduzir os itens nas suas mãos. É um modo simples e direto de melhorar sua produtividade.

O que é a Regra dos Dois Minutos?

Se uma próxima ação puder ser feita em dois minutos ou menos, faça agora!

Por que dois minutos?

"Dois minutos" são suficientes para mensurar se você precisa fazer algo já ou se deve pôr em uma lista para fazer depois. É o ponto de corte da eficiência. Não depende de qualquer outra etapa e seus benefícios são imediatos.

Responder aos e-mails

Em muitos casos, responder a um e-mail leva apenas um ou dois minutos. Se constatar que acabará gastando mais tempo revendo a caixa de entrada do que planejara, basta postergar o processamento da caixa de entrada (talvez com uma "identificação de emergências" quando houver uma brecha, para não se preocupar com a demora em resolver; isso será examinado mais adiante, na 10ª etapa).

Responder aos recados de aplicativos

Em geral, responder a mensagens instantâneas leva menos de dois minutos – se a resposta for por mensagens, não por ligações, e a conversa não virar uma troca interminável. Alguns respondem a essas mensagens por e-mail, para garantir que serão gerenciadas rapidamente.

Mais sobre a Regra dos Dois Minutos

Precisa mesmo ser dois minutos cravados?
O tempo de dois minutos é uma orientação geral: é o corte em que faz sentido agir agora em vez de adiar. Como as outras etapas do GTD, assim que entender a prática ideal você escolherá como usá-la de acordo com a sua realidade.

E se eu tiver 100 ações de dois minutos?
Depois que você implementa o método GTD, ter um acúmulo de ações de dois minutos é algo bem improvável. Você só precisará cuidar das ações novas que surgirem no seu e-mail e na sua caixa de entrada. Mas, se chegar a esse acúmulo, talvez seja preciso reunir os itens, pôr tudo em uma pasta e escrever uma próxima ação para esclarecê-los ou reservar períodos de tempo para ir fazendo isso aos poucos.

O que fazer quando eu concluir uma ação de dois minutos?
Nada! Não há nada que seja preciso monitorar. Você simplesmente realizou a ação de dois minutos.

Se sua ação de dois minutos resultar em outra ação – como trocar o toner da impressora e descobrir nesse momento que na verdade você está sem toner –, é preciso dar os passos apropriados para executar, delegar ou adiar a ação recém-criada.

> "Esclarecer ou esvaziar sua caixa de entrada não significa resolver todas aquelas pendências. Só significa identificar cada item e decidir o que ele significa e onde deve ser armazenado."

— DAVID ALLEN

4ª ETAPA
Passo a passo

Esvaziar sua caixa de entrada exige as seguintes ações, nesta ordem: (Versão analógica)

1º passo. Pegue o item de cima da sua caixa de entrada. Pergunte: **"O que é isto?"**

2º passo. Pergunte: **"Demanda ação?"**

3º passo. Se a resposta for **"NÃO, isto NÃO demanda ação"**, pergunte: **"O que fazer com ele?"**
- *Pôr no lixo.*
- *Arquivar como material de referência.*
- *Incubar (pôr na lista Algum dia/Talvez).*

4º passo. Se a resposta for **"SIM, isto DEMANDA ação"**, pergunte: **"Qual é a próxima ação?"**
- *Fazer agora (se levar menos de dois minutos).*
- *Delegar para outra pessoa (pôr na pasta Aguardando Resposta).*
- *Adiar (pôr na pasta Próximas Ações; se a ação precisar ser feita em um dia específico, coloque-a no calendário).*

5º passo. Se além dessa ação houver mais passos, qual o nome do projeto?

Essas são as ações para esclarecer. Você notará que são precisas. É essa precisão que assegura que você não deixe mais as coisas saírem dos trilhos.

Esta etapa é fundamental para controlar seu fluxo de trabalho. Algumas pessoas a acham difícil porque exige que se tome uma decisão para cada item. Com a prática, vai parecer algo natural e você se tornará o mestre da sua caixa de entrada.

4ª ETAPA
Passo a passo

Esvaziar sua caixa de entrada exige as seguintes ações, nesta ordem:
(Versão gráfica)

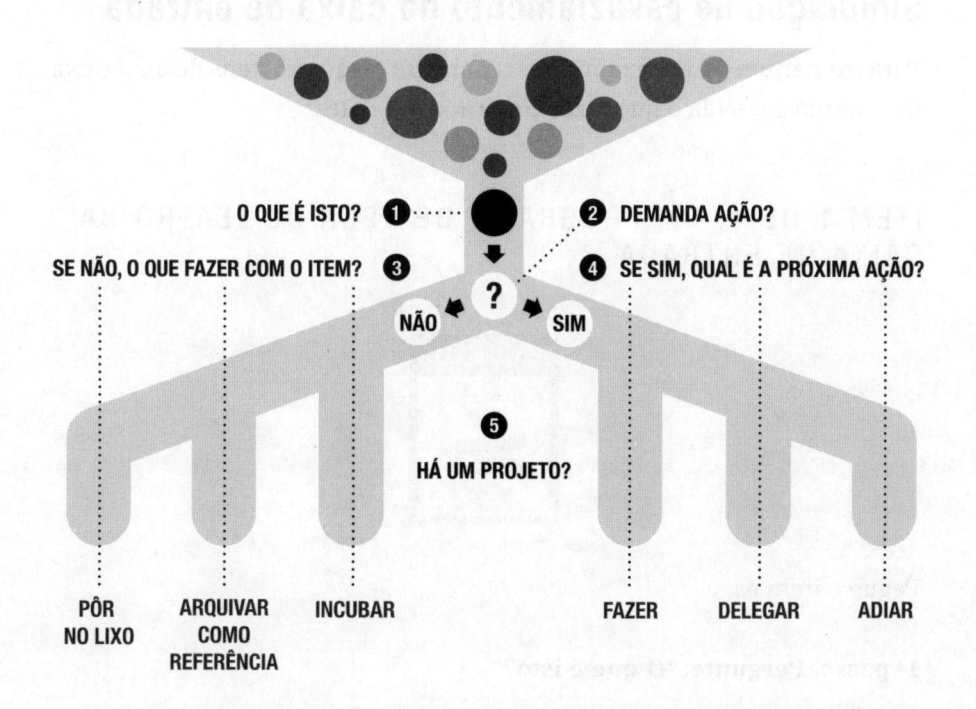

O QUE É ISTO? ❶   ❷ **DEMANDA AÇÃO?**

SE NÃO, O QUE FAZER COM O ITEM? ❸   ❹ **SE SIM, QUAL É A PRÓXIMA AÇÃO?**

NÃO ? SIM

❺ **HÁ UM PROJETO?**

PÔR NO LIXO | ARQUIVAR COMO REFERÊNCIA | INCUBAR | FAZER | DELEGAR | ADIAR

Simulação de esvaziamento da caixa de entrada

Para treinar um pouco, examine esta amostra de quatro itens de uma caixa de entrada e decida o que fazer com cada um deles.

ITEM 1 DE 4: UM PROGRAMA DE PEÇA DE TEATRO NA CAIXA DE ENTRADA

Pegue o item e...

1º passo. Pergunte: "O que é isto?"

Resposta: **É um programa de teatro!** É o programa daquela peça ótima a que você assistiu no fim de semana passado. Na verdade, você *não precisa* dele, mas é uma boa recordação.

2º passo. Demanda ação? *(Assinale uma das opções)*

☐ Sim
☐ Não

Resposta: Não. Parece que este item não demanda ação.

3º passo. O que fazer com ele?

☐ Pôr no lixo
☐ Arquivar como material de referência
☐ Incubar na pasta de Algum dia/Talvez

Sua resposta

Pôr no lixo. Pela sua reação anterior, parece que você gostou da ideia de guardar o programa como recordação. Então, o que mais faria com ele? Escolha outra opção.

Arquivar como material de referência. Essa parece ser a opção certa. Embora não seja estritamente uma informação de referência, essa categoria ampla inclui as lembranças. Crie uma pasta "Lembranças" para usá-la.

Incubar na pasta de Algum dia/Talvez. Pela sua reação anterior, parece que você achou que o item não demanda ação, portanto não há necessidade de pôr na pasta de Algum dia/Talvez.

ITEM 2 DE 4: UM CONVITE NA SUA CAIXA DE ENTRADA

Pegue o item e...

1º passo. Pergunte: "O que é isto?"

Resposta: **Um convite de casamento.** Adam e Tina vão se casar! O grande evento dos dois vai acontecer no final do ano, no outro lado do país. Você quer ir.

2º passo. Demanda ação?

☐ Sim
☐ Não

Resposta: Sim, este item realmente demanda ação, mesmo que você não quisesse ir.

(Pule o 3º passo, já que demanda ação.)

4º passo. Qual é a próxima ação?

☐ Discutir com a família os planos da viagem.
☐ Responder que você vai.
☐ Criar uma pasta de Projeto com a etiqueta "Comparecer ao casamento de Adam e Tina".

Sua resposta

Discutir com a família os planos da viagem. Atenção: uma próxima ação ou conclui alguma coisa, ou a faz avançar. Embora talvez seja preciso discutir a viagem com a família mais tarde, há uma próxima ação melhor? (Dica: Isso exigirá vários passos?) Tente de novo.

Responder que você vai. Pense nas outras opções. Lembre-se: uma próxima ação ou conclui alguma coisa, ou a faz avançar. Há uma próxima ação melhor? (Dica: Isso exigirá vários passos?) Tente de novo.

Criar uma pasta de Projeto com a etiqueta "Comparecer ao casamento de Adam e Tina". Sim. Aí está! Várias ações são necessárias. Nessa pasta você pode pôr o convite, seu plano, a lista de presentes, os recibos, os itinerários da viagem e assim por diante, para manter tudo em um só lugar. (Há mais alguns passos também; veja a próxima parte.)

Portanto, sua próxima ação é criar uma pasta para esse projeto.

4º passo *(continuação)*. **Fazer isto agora? Leva menos de dois minutos?**

☐ Sim
☐ Não

Sua resposta

Sim. Tendo pastas disponíveis e acessíveis a você, é fácil criar uma pasta desse projeto em menos de dois minutos.

Não. Você precisa criar a pasta e etiquetá-la, mas há algo mais que você precisa fazer além disso. Vamos ver o que é.

4º passo *(continuação)*. **Delegar ou adiar?** Você criou a pasta do Projeto do casamento de Adam e Tina. Antes de pôr o convite na pasta, veja o prazo para responder se irá comparecer. O que precisa fazer com essa data?

☐ Delegar
☐ Adiar – pôr na lista de Próximas Ações
☐ Adiar – pôr no calendário

Sua resposta

Delegar. Você pode mandar seu assistente tomar nota do prazo da resposta, mas não seria mais eficiente você mesmo fazer isso? Escolha outra opção.

Adiar – pôr na lista de Próximas Ações. Você até poderia colocar como lembrete na lista de Próximas Ações, mas não há um jeito melhor? Pense em outra opção.

Adiar – pôr no calendário. Isso. Antes de guardar o cartão na pasta "Casamento de Adam e Tina", registre a data-limite para confirmar no seu calendário. (Também é bom acrescentá-la à lista de Projetos e escrever uma próxima ação como "Rascunhar ideias sobre a viagem para o casamento".)

ITEM 3 DE 4: UM LEMBRETE NA SUA CAIXA DE ENTRADA

Pegue o item e...

1º passo. Pergunte: "O que é isto?"

Resposta: **É um lembrete.** Você o escreveu para se lembrar de retornar o telefonema da assistente do oftalmologista e confirmar a consulta de quarta-feira. (Teria sido mais eficiente escrever diretamente no calendário. No entanto, às vezes só temos tempo para uma anotação rápida.)

2º passo. Demanda ação?

☐ Sim
☐ Não

Sua resposta

Sim. Isso mesmo. Confirmar a consulta é a ação a realizar.

Não. Esse item demanda ação. Afinal de contas, era um lembrete para você realizar uma ação.

(Pule o 3º passo, já que demanda ação.)

4º passo. Qual é a próxima ação?

☐ Falar com o oftalmologista
☐ Telefonar para o consultório do oftalmologista
☐ Consultório do oftalmologista

Sua resposta

Falar com o oftalmologista. "Falar" é vago. (Veja a lista de verbos para próximas ações na página 121.) Tente outra opção.

Telefonar para o consultório do oftalmologista. Isso mesmo. Essa é uma próxima ação perfeitamente enunciada, pois define uma ação tangível e específica e começa com um verbo de ação conciso.

Consultório do oftalmologista. Acrescentamos essa opção porque muita gente faz essas anotações rápidas e vagas para se lembrar depois. Mas não é uma prática recomendada. Em vez disso, enuncie sua próxima ação como um item tangível e específico que comece com um verbo de ação conciso.

4º passo *(continuação)*. **Fazer isto agora? Leva menos de dois minutos?**

☐ Sim
☐ Não

Sua resposta

Sim. O telefonema de confirmação provavelmente só levará um ou dois minutos, portanto você pode mesmo *fazer isso agora* em vez de adiar.

Não. Na verdade, o telefonema rápido de confirmação não deve levar mais de dois minutos, portanto você pode *fazer isso agora* em vez de adiar.

ITEM 4 DE 4: SEU RASCUNHO DO RELATÓRIO DE UM PROJETO NA CAIXA DE ENTRADA

Pegue o item e...

1º passo. Pergunte: "O que é isto?"

Resposta: **É o seu rascunho do relatório do projeto, com comentários.** É uma cópia física do relatório com comentários dos colegas. Você sabe que precisa consolidar as notas e revisar o relatório antes de mandá-lo para o gestor do grupo.

2º passo. Demanda ação?

☐ Sim
☐ Não

Sua resposta
Sim. Sim, há trabalho a fazer.

Não. Na verdade, esse item demanda ação. Você precisa organizar as anotações.

(Pule o 3º passo, já que demanda ação.)

4º passo. Qual é a próxima ação?

☐ Revisar o relatório do projeto.
☐ Reservar um tempo agora para ler o relatório e os comentários.
☐ Pôr o relatório de volta na caixa de entrada.

Sua resposta

Revisar o relatório do projeto. Correto! O enunciado dessa próxima ação é conciso e usa um verbo de ação específico.

Reservar um tempo agora para ler o relatório e os comentários. Quando encontramos algo interessante na caixa de entrada, é tentador largar o que estamos fazendo (esclarecer e esvaziar a caixa de entrada) para dedicar tempo a isso. A escolha é sempre sua, é claro. No entanto, manter-se concentrado na tarefa em execução (esclarecer), especialmente a de esvaziar a "Entrada", contribuirá para uma produtividade melhor com menos estresse. É a prática mais recomendada.

Pôr o relatório de volta na caixa de entrada. É claro que não (embora às vezes fiquemos tentados)! Quando sentir que está com pouca energia, em vez de pegar o próximo item da caixa de entrada, faça uma pausa ou alguma coisa que o leve a avançar.

4º passo *(continuação)*. **Fazer isto agora? Leva menos de dois minutos?**

☐ Sim
☐ Não

Sua resposta

Sim. Você sabe que leva mais tempo para revisar o relatório, então escolha a outra opção.

Não. Isso mesmo. Revisar o relatório vai levar mais de dois minutos.

4º passo *(continuação)*. **Delegar ou adiar?**

☐ Delegar
☐ Adiar – pôr na lista de Próximas Ações
☐ Adiar – pôr no calendário

Sua resposta

Delegar. Se puder delegar, tudo bem. No entanto, nada neste exemplo indica que essa seja uma opção. Vamos supor que seja você mesmo que precise executar essa ação. Escolha outra opção.

Adiar – pôr na lista de Próximas Ações. Sim, ponha na lista de Próximas Ações. Você também pode inserir um prazo no seu calendário, se ele existir. Se houver uma pasta de Projeto para esse relatório, guarde-o lá. Caso contrário, crie uma.

Adiar – pôr no calendário. Sim, você pode pôr no calendário se houver um prazo de entrega ou se quiser marcar uma hora para trabalhar nisso. Se não, ponha na lista de Próximas Ações.

INSIGHTS

Lembre-se: depois de pegar algo na caixa de entrada física ou abrir um e-mail, você nunca deve devolvê-lo à caixa de entrada. É um mau hábito tirar um item dela, não decidir nada a respeito e deixá-lo lá no mesmo lugar.

Decidir "não decidir" sobre qualquer item da sua caixa de entrada esgota seu tanque de combustível psicológico e o leva a trabalhar com menos eficiência. Como qualquer hábito novo, esvaziar a caixa de entrada é uma habilidade que exige tempo e esforço para dominar usando o GTD. Pode não ser confortável, assim como quaisquer práticas novas são desconfortáveis no início. Lembra-se de quando aprendeu a dirigir? De como foi o primeiro semestre na faculdade? Ou de quando foi promovido a supervisor ou coordenador pela primeira vez?

É você que escolhe quando esvaziar a caixa de entrada. Não é preciso esvaziá-la inteira de uma vez. Você pode revisá-la várias vezes ao longo de um dia inteiro para mantê-la vazia.

Uma "revisão de emergência", apenas para verificar se há algo mais urgente que não pode esperar o momento de esclarecer, pode ser necessária em alguns momentos – como de manhã bem cedo ou ao longo de um dia com muitos compromissos. Mas essa prática só funciona se você já tiver estabelecido o hábito de esvaziar com frequência suas caixas de entrada diariamente, pois é justamente isto: uma verificação de emergência.

Agora é a sua vez

Vá até sua caixa de entrada e dedique alguns minutos a treinar o processo de esclarecer que acabou de aprender.

PARE

Antes de ir para a próxima etapa, veja se está familiarizado e à vontade com o processo de esclarecer.

Se ainda tem preocupações ou perguntas, recomendamos assistir aos vídeos de David Allen sobre Esclarecer.

Acesse-os na página 207.

Perguntas frequentes

Sobre esvaziar sua caixa de entrada

Esse processo demora demais. Já não tenho tempo suficiente para as outras coisas!

Sim, leva tempo, principalmente no começo. Mas qual é a outra opção? Se os itens chegam à sua caixa de entrada, você tem que tirá-los de lá – em geral, quanto mais cedo, melhor. Você pode reduzir a quantidade de coisas que "entram": por exemplo, se e-mail é um problema, descadastre-se de algumas listas. Quanto aos itens que vão parar na caixa de entrada, tente pôr menos coisas guardando-as diretamente no lugar aonde têm que ir. Você faz isso quando traz as compras para casa. Elas não ficam em uma área de espera; você as guarda no lugar certo na mesma hora – no armário, na geladeira e assim por diante. Se achar que deixa na caixa de entrada muitos lembretes escritos para si mesmo, coloque-os diretamente na lista de Próximas Ações, na lista de Projetos ou no calendário.

Entenda que lidar com essas coisas que chegam faz parte do seu serviço; não é uma ocupação que atrapalha o seu trabalho "de verdade". *Isso é o seu trabalho de verdade!*

E se um item exigir que eu tome alguma grande decisão sobre algo?

Se precisar de mais informações ou mais tempo para pensar, transforme o item em um projeto com uma próxima ação. Depois você pode preparar o que for necessário, mesmo que precise reunir força interior para tomar uma decisão difícil. O importante é lembrar o propósito específico desta etapa: tirar os itens da caixa de entrada e colocá-los no lugar certo.

O que acontece se eu estiver processando um item e não tiver uma pasta para ele?

Você pode acrescentar todas as pastas físicas de A a Z de que precisar e decidir como quer guardar as informações digitais por assunto. Basta pegar uma pasta e etiquetá-la e/ou nomear uma pasta digital de armazenamento no seu computador. Então, coloque o item no lugar certo no seu gaveteiro ou no computador. Quando a gaveta do arquivo físico estiver com mais de três quartos de ocupação, comece a usar uma nova gaveta ou limpe o que tem. Veremos isso melhor em Organizar.

Já dissemos isso, mas nunca é demais enfatizar: esvaziar a caixa de entrada não significa realmente fazer todas as coisas indicadas em cada anotação, lembrete, etc. Significa apenas identificar cada item e decidir para onde ele deve ir.

Parabéns
Você terminou a 4ª etapa com sucesso!

Vá para a página 217 do Guia Prático e atualize o Acompanhamento do Progresso com a data de hoje.

> "Quanto mais rápidas minhas respostas, mais as pessoas realmente pensam antes de me mandar coisas."

— DAVID ALLEN

5ª ETAPA
Esvazie a caixa de entrada de e-mails

Por que você precisa desta etapa

Se acredita que ter centenas de e-mails na caixa de entrada é normal e que está bem assim, talvez você se pergunte: "Por que preciso desta etapa?" Dê uma olhada nos quadros a seguir, compare-os e decida por si mesmo o que fazer:

Não, não vale a pena PORQUE...
Esta etapa parece muito difícil ou muito complicada.
Tomará tempo demais diariamente.
Estou ocupado demais para aprender isso.
Tenho coisas mais importantes a fazer do que me preocupar com e-mails.
Até agora deu tudo certo fazendo do meu jeito.
E-mails não são algo que possa ser resolvido, não importa o que façamos.
Acho que vou só dar uma olhada nesta etapa para ver se gosto.

Sim, vale a pena PORQUE...

Quero avançar com as coisas e ser mais produtivo, com menos estresse.

Ter itens na caixa de entrada de e-mails vai me distrair e me incomodar sempre que eu olhar, por mais que diga a mim mesmo que não importa.

Quero me sentir mais confiante.

Quero ter meu trabalho e minha vida sob controle e quero parar de ficar para trás.

Gerenciar os e-mails é tão básico quanto escovar os dentes – se deixar de fazer com regularidade, haverá consequências.

Se escolher avançar nesta etapa – o que recomendamos enfaticamente –, você saberá que seus e-mails estão sendo bem cuidados. Aprenderá a fazer isso com presteza, de um modo que lhe dará poder e confiança. Não terá deixado passar nenhuma bomba-relógio embaraçosa. Em última análise, esta etapa é sobre assumir o controle dos seus e-mails. Trata-se de uma receita simples: zere a caixa de entrada de e-mails todo dia esclarecendo cada mensagem e colocando-a onde precisa estar – inclusive na lixeira, se for o caso.

Quando zerar sua caixa de entrada, a produtividade vai melhorar, o estresse vai diminuir e sua sensação de controle pode disparar feito um foguete! Você vai se sentir excepcional, e com razão. Irá se tornar um dos poucos afortunados que usam uma prática diária para domar o monstro dos e-mails.

5ª ETAPA
Passo a passo

Esvaziar a caixa de entrada de e-mails segue o mesmo processo que você acabou de aprender na 4ª etapa para a caixa de entrada física.
(Versão analógica)

1º passo. Olhe cada e-mail na sua caixa de entrada e pergunte: **"O que é isto?"**

2º passo. Depois pergunte: **"Demanda ação?"**

3º passo. Se a resposta for **"NÃO, isto NÃO demanda ação"**, então pergunte: **"O que fazer com ele?"**
- *Deletar.*
- *Arquivar (pôr em uma pasta de Referência).*
- *Incubar (pôr na lista ou pasta de Algum dia/Talvez).*

4º passo. Se a resposta for **"SIM, isto DEMANDA ação"**, pergunte: **"Qual é a próxima ação?"**
- *Fazer agora (lembre-se da Regra dos Dois Minutos).*
- *Delegar (em seguida, colocar na pasta Aguardando Resposta).*
- *Adiar (pôr na pasta Próximas Ações; se a ação precisar ser feita em um dia específico, coloque-a no calendário).*

5º passo. Se além dessa ação houver mais passos, qual o nome do projeto?

Para deixar claro: isso não significa que você tenha que *cumprir* todas as tarefas relativas a esses e-mails, apenas que cada e-mail foi examinado e colocado no lugar adequado.

5ª ETAPA
Passo a passo

Esvaziar a caixa de entrada de e-mails segue o mesmo processo que você acabou de aprender na etapa anterior.
(Versão gráfica)

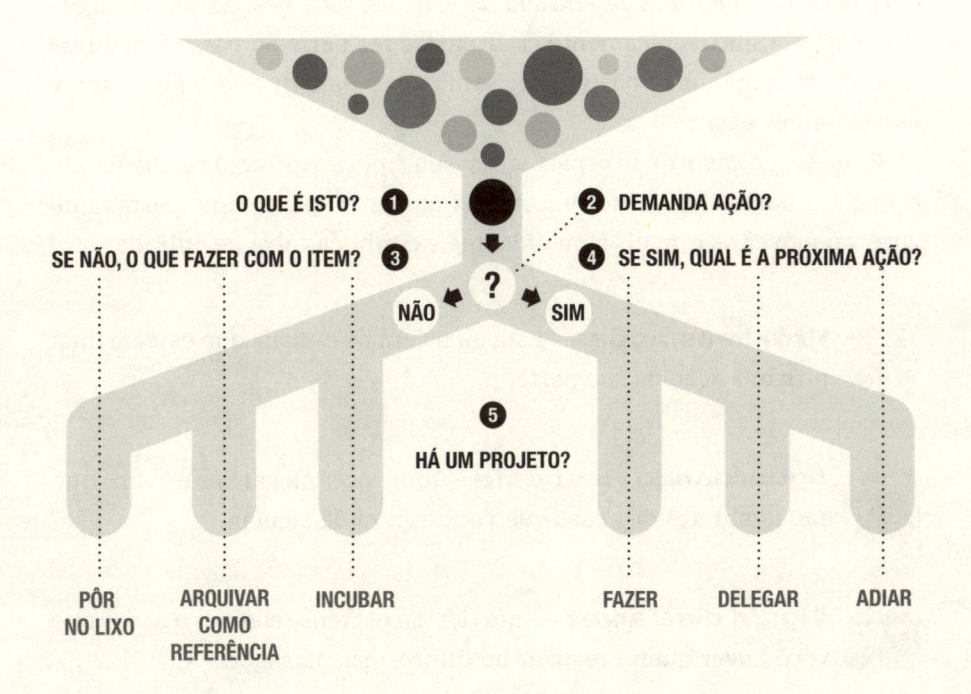

```
                      O QUE É ISTO?  ❶        ❷  DEMANDA AÇÃO?
         SE NÃO, O QUE FAZER COM O ITEM?  ❸   ❹  SE SIM, QUAL É A PRÓXIMA AÇÃO?
                                    NÃO   ?   SIM

                                      ❺
                                HÁ UM PROJETO?

        PÔR        ARQUIVAR     INCUBAR            FAZER    DELEGAR    ADIAR
      NO LIXO       COMO
                  REFERÊNCIA
```

Você tem permissão para fazer uma cópia desta página para colocá-la na sua área de trabalho enquanto aprende este modelo.

!

Crie pastas

Para esvaziar sua caixa de entrada de e-mails, você precisará criar algumas pastas. (Sim, tecnicamente criar pastas faz parte do passo Organizar do GTD. No entanto, as pastas precisam existir para que você possa zerar esses e-mails agora.)

Comece criando quatro pastas no seu aplicativo ou gerenciador de e-mails e nomeie-as como mostramos abaixo. É para essas pastas que você vai mover os e-mails à medida que examina a caixa de entrada.

Próximas Ações – Esta guardará os e-mails que exigem uma próxima ação da sua parte.

Aguardando Resposta – Aqui você colocará os e-mails que são lembretes de ações que você espera de alguém.

Algum dia/Talvez – Aqui ficarão os itens relativos a ações que você talvez queira realizar no futuro, mas não agora.

Referência – Nesta você vai armazenar os e-mails que quiser guardar para possível referência futura, mas que não exigem ação.

Em alguns programas de e-mail, se você puser um @ na frente do nome da pasta, ela ficará no topo da lista. Em outros, você pode arrastar as pastas até a posição desejada ou marcá-las como favoritas.

(Se você já implementou algum grau do GTD, talvez já tenha gerenciado adequadamente seu sistema de pastas de e-mail. Ótimo! É só aproveitar a oportunidade para reavaliar se ele está funcionando perfeitamente ou se há alguma maneira mais simples ou mais organizada que faça mais sentido para você.)

PARE

Antes de avançar nesta etapa, crie primeiro as pastas no seu programa de e-mail e nomeie-as como mostramos na página anterior.

Simulação de esvaziamento da caixa de entrada de e-mails

Para treinar um pouco, examine esta amostra de quatro itens de uma caixa de entrada de e-mails e decida o que fazer com cada um deles.

E-MAIL 1 DE 4 PARA ESCLARECER

1º passo. O que é isto?

O campo de assunto diz:
> **Relatório de status sobre a reunião de sexta-feira**

O corpo do e-mail diz:
> **Não se esqueça de se informar lendo este relatório antes da reunião.**

2º passo. Demanda ação?

☐ Sim
☐ Não

Sua resposta

Sim, demanda ação. Se este e-mail fosse seu, você acrescentaria essa tarefa ao seu calendário, já que precisa cumpri-la antes da reunião de sexta-feira.

(Pule o 3º passo, já que demanda ação.)

4º passo. Qual é a próxima ação?

Sua resposta

Adiar colocando na pasta Próximas Ações e anotar no calendário a data-limite.

E-MAIL 2 DE 4 PARA ESCLARECER

1º passo. O que é isto?

O campo de assunto diz:
Tem bolo na copa!
O corpo do e-mail diz:
Está na bancada, para quem quiser.

2º passo. Demanda ação?

☐ Sim
☐ Não

Sua resposta

Na verdade, as duas respostas podem estar certas. Se quiser uma fatia de bolo antes que ele acabe, o e-mail demanda ação.

Se não quiser, não demanda. Delete o e-mail e siga em frente.

E-MAIL 3 DE 4 PARA ESCLARECER
1º passo. O que é isto?

> O campo de assunto diz:
> **Aviso – Não estarei na empresa hoje.**
> O corpo do e-mail diz:
> **A todo mundo no escritório: hoje vou levar as crianças ao zoológico. Vejo vocês amanhã. Mandem uma mensagem se precisarem de mim.**

2º passo. Demanda ação?

- ☐ Sim
- ☐ Não

Sua resposta
Não, este e-mail não demanda ação. É só um aviso para sua informação.

3º passo. O que fazer com ele?

- ☐ Deletar
- ☐ Incubar na pasta de Algum dia/Talvez
- ☐ Arquivar como material de referência

Sua resposta
Como é só um aviso, pode deletar. Você não está aguardando nenhuma informação adicional de ninguém e não é preciso armazená-lo.

E-MAIL 4 DE 4 PARA ESCLARECER

1º passo. O que é?

> O campo de assunto diz:
> **Seu pedido está a caminho.**
> O corpo do e-mail diz:
> **Obrigado por comprar conosco! Você pode rastrear a entrega pelo código T315566218.**

2º passo. Demanda ação?

- [ ] Sim
- [ ] Não

Sua resposta

Não, este e-mail não demanda ação.

3º passo. O que fazer com ele?

- [ ] Deletar
- [ ] Incubar na pasta de Algum dia/Talvez
- [ ] Arquivar na pasta Aguardando Resposta

Sua resposta

Como é provável que você se interesse em receber o pedido, coloque o e-mail na pasta Aguardando Resposta, para ser relido caso você precise fazer o acompanhamento.

Agora é a sua vez

Abra sua caixa de entrada de e-mails e passe alguns minutos praticando o processo de esclarecer que acabou de aprender. Faça as perguntas para cada e-mail, determine se demanda ação e decida o que fazer com ele usando o processo passo a passo.

!

PARE

> Antes de avançar, passe pelo menos 15 minutos trabalhando para esvaziar a caixa de entrada de e-mails seguindo o processo de esclarecer que acabou de aprender.

DE UM USUÁRIO DO GTD

"A princípio, foi difícil esvaziar minha caixa de entrada de e-mails. Quando comecei, conseguia processar os e-mails até sobrarem mais ou menos uns 12. Eu queria mantê-los na caixa de entrada porque tinha medo de perdê-los de vista. Finalmente, decidi usar a pasta Próximas Ações para esses e-mails que demandam uma ação minha. Agora consigo zerar minha caixa de entrada e todos os meus e-mails para Próximas Ações estão agrupados em um único lugar."

Perguntas frequentes

Sobre esvaziar a caixa de entrada de e-mails

Devo cuidar dos e-mails assim que chegarem?

Isso depende do seu trabalho. Muitos praticantes do GTD mantêm os programas de e-mail fechados durante a maior parte do dia. Eles verificam os e-mails de forma intermitente – a cada hora; hora sim, hora não; ou uma vez pela manhã e outra à tarde – e cuidam deles nesses intervalos. Desse modo, o fluxo regular de trabalho não é interrompido pela chegada de mensagens.

E se o esvaziamento da minha caixa de entrada atrapalhar o trabalho que planejei para aquele dia?

Em uma etapa posterior, falaremos sobre as melhores práticas para equilibrar o trabalho planejado com o trabalho novo que chega diariamente. A maior parte dos profissionais do conhecimento precisa de cerca de 90 minutos por dia para processar suas "Entradas", que incluem itens físicos e e-mails.

Práticas avançadas

Usar a busca ou criar subpastas de Referência?

A pesquisa de e-mails está ficando tão poderosa que muitos usuários recorrem a ela para localizar uma mensagem em vez de criar muitas subpastas dentro de Referência. Isso poupa o tempo de criar as subpastas, embora classificar as referências em tópicos separados possa ser muito útil. Decida o que funciona melhor para você e para seus e-mails de referência.

Parabéns!
Você terminou a 5ª etapa com sucesso!

Vá para a página 217 do Guia Prático e atualize o Acompanhamento do Progresso com a data de hoje.

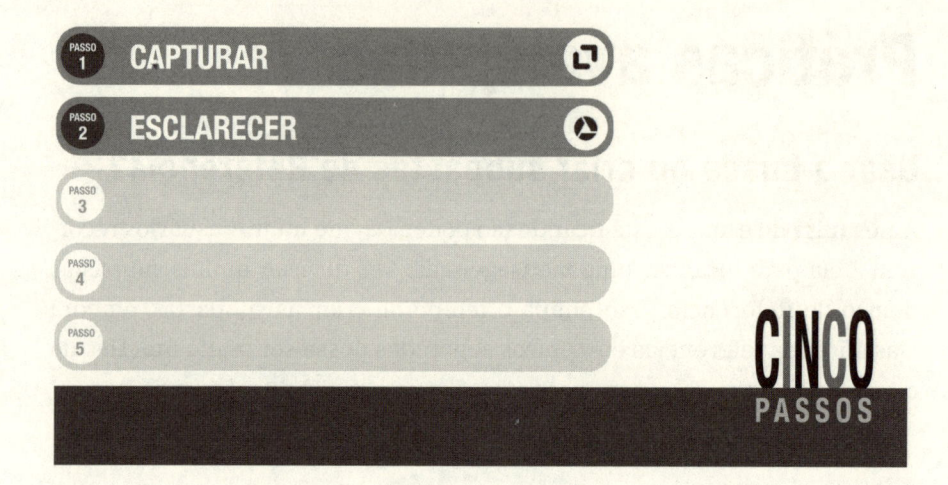

PASSO 1	**CAPTURAR**
PASSO 2	**ESCLARECER**
PASSO 3	
PASSO 4	
PASSO 5	

CINCO
PASSOS

Seu checklist para as etapas de Esclarecer

4ª etapa: Esvazie a caixa de entrada física
☐ Segui a lista de cinco passos para esclarecer tudo na minha caixa de entrada física.

5ª etapa: Esvazie a caixa de entrada de e-mails
☐ Segui a lista de cinco passos para esclarecer tudo na minha caixa de entrada de e-mails.

Lembre-se:
- Nunca devolva à caixa de entrada algo que pegou de lá. Não largue o item até tomar uma decisão a seu respeito.
- Depois de abrir um e-mail, nunca o feche sem decidir o que fazer com ele.
- Sempre comece com o item no topo da sua caixa de entrada física ou de e-mails. Evite a tentação de escolher os itens procurando os mais fáceis ou interessantes na pilha.

> **Se estiver adequadamente engajado na sua vida, você não precisa de mais tempo. Se não estiver, não será o fator tempo que vai ajudar.**

— DAVID ALLEN

6ª ETAPA
Crie sua lista de Próximas Ações e outras listas

Por que você precisa desta etapa

Nas três primeiras etapas, você fez o trabalho de capturar. Começou a tomar nota das coisas que poderiam demandar ação assim que surgissem em conversas e reuniões e até de suas ideias. Na etapa de Esclarecer, determinou as próximas ações para tudo isso. Agora vem a questão: onde pôr todas essas próximas ações que você identificou?

Esta etapa traz a resposta: você deve criar uma lista especial exatamente com esse propósito.

Manter todas as suas próximas ações em uma única lista lhe oferece um lugar único para acompanhar tudo que precisa fazer. É com essas ações que você progride. Elas são a unidade básica de toda a sua produtividade. Registrar as próximas ações e *acompanhá-las* em uma única lista, pelo menos para começar, é fundamental para o seu sucesso com o GTD e a produtividade sem estresse.

> **O QUE AS PESSOAS ESTÃO DIZENDO SOBRE AS LISTAS DE PRÓXIMAS AÇÕES**
>
> "Criar três filhos pequenos e administrar uma empresa em casa é um desafio enorme! Nem preciso dizer que costumo me estressar com tanta coisa para fazer. Manter as próximas ações em uma única lista ajudou bastante. Sou eu quem decide o que entra na lista de Próximas Ações – e o que pode ser movido para outro lugar, como para a lista Algum dia/Talvez. Tenho uma sensação maior de organização e clareza mental fazendo as coisas desse jeito."

6ª ETAPA
Passo a passo

Em vez de simplesmente aprender esta etapa, seria melhor você aplicá-la à medida que for lendo. Em cada um dos cinco passos desta etapa, ponha o Guia Prático de lado e realize concretamente as ações descritas. Então observe a mágica acontecer!

1º passo. Escolha o que usará para suas listas do GTD.

2º passo. Crie uma lista chamada Próximas Ações.

3º passo. Capture as coisas que precisa fazer como próximas ações e ponha nessa lista.

4º passo. Crie uma lista Algum dia/Talvez.

5º passo. Crie uma lista Aguardando Resposta.

1º passo. Escolha o que usará para suas listas do GTD.

Se você já usa um *smartphone*, *computador* ou *tablet* para fazer e manter suas listas, recomendamos que continue a usar o mesmo dispositivo para a lista de Próximas Ações.

Se geralmente usa *papel e caneta*, recomendamos que continue a usá-los para sua lista de Próximas Ações.

É isso mesmo: continue usando para sua lista de Próximas Ações a mesma ferramenta que já usa para qualquer outro tipo de lista. Queremos simplificar, principalmente no começo.

Está na hora de mudar?

Se estiver achando que é uma boa hora para começar a usar um novo software ou aplicativo, pense duas vezes. Algumas pessoas cismam com a ideia de que começar o GTD significa usar um software novo em folha ou um aplicativo da moda. Muitos programas realmente parecem atraentes e perfeitos para o GTD, mas esta *não* é a hora de experimentar uma ferramenta nova. Em vez disso, é importantíssimo que você se concentre em aprender apenas uma coisa de cada vez. Por enquanto, mantenha sua lista o mais simples possível. Espere até adquirir velocidade com o GTD para tentar algo novo. Lembre-se de que você está aprendendo todo um modo novo de gerenciar seu fluxo de trabalho. Já é uma empreitada considerável. Continue com sua ferramenta, seu software ou seu aplicativo atual para fazer listas cotidianas.

PARE

Escolha sua ÚNICA ferramenta de Próximas Ações

Pode ser que hoje você esteja usando várias ferramentas diferentes para fazer listas. Usando o checklist a seguir, você vai selecionar a ÚNICA que usará daqui em diante para sua lista de Próximas Ações.

1. Liste todas as ferramentas que você usa na primeira coluna (por exemplo, aplicativos específicos, um caderno ou um software para documentos como Google Docs, Microsoft Word ou Pages).
2. Identifique (assinale com um X) com qual deles está mais acostumado e se sente mais à vontade.
3. Identifique o mais simples e descomplicado.
4. Se for um aplicativo digital, identifique qual é capaz de sincronizar todos os dispositivos – computador, tablet e smartphone.

1. Ferramenta	2. Mais usada	3. Mais simples	4. Sincronização
Exemplo: Evernote	X		X

2º passo. Crie uma lista chamada Próximas Ações.

Crie a lista usando a ferramenta que escolheu, seja um aplicativo, software ou papel e caneta.

3º passo. Capture as coisas que precisa fazer como próximas ações e ponha nessa lista.

O que é uma próxima ação?

A próxima ação é a atividade seguinte física e visível que leva algo à sua conclusão. Tudo que você quer realizar exige uma próxima ação para avançar. Suas próximas ações são os alicerces da sua produtividade.

Como escrever uma próxima ação?

Comece as próximas ações com um *verbo de ação*, por exemplo:

- *Telefonar* para marcar hora com o mecânico
- *Levar* o celular ao conserto para trocar a tela
- *Levar* as crianças ao aquário
- *Comprar* macarrão para o jantar
- *Telefonar* para o escritório a respeito do projeto
- *Escolher* a roupa para a reunião
- *Ler* a proposta

USE UMA ÚNICA LISTA

Escrever suas próximas ações não adiantará muito se você não souber exatamente onde está a lista e se não for capaz de acessá-la com facilidade. Uma única lista permite fazer apenas uma parada rápida para examinar todas as próximas ações de uma vez. Mais tarde falaremos sobre opções do uso de mais de uma lista com propósitos especiais.

PARE

> **Antes de ir em frente, ponha este Guia Prático de lado, volte sua atenção para a ferramenta que escolheu e reserve alguns minutos para começar sua lista de Próximas Ações.**

Próximas ações versus Listas de tarefas

Quando identificar algo que queira ou precise fazer, registre-o como uma próxima ação. As próximas ações substituem o conceito mais antigo de lista de tarefas ou afazeres, que é menos específico. O uso de próximas ações também lhe permite separar duas coisas que, com frequência, andam juntas:

1. Identificar o que você quer concluir
   e
2. Concluí-lo.

Quando você registra suas próximas ações, dá a si mesmo a oportunidade de recuperar o fôlego. Mais tarde pode rever sua lista e decidir em que acha melhor trabalhar no momento.

Uma lista de afazeres típica inclui itens como "Jantar comemorativo", "Lavanderia" ou "Creche". Mas há um problema no modo como esses itens são escritos. **Eles não são acionáveis.** Na sua mente, você pode ter alguma ação anexada à ideia de "Jantar comemorativo", como "preparar" ou "buscar". Mas essas ações estão só na sua cabeça. A prática mais recomendada é tirar cada ação da sua cabeça e explicitá-la. Isso faz diferença: não será mais preciso pensar depois de escrever essas ações. Só fazer.

Escreva suas próximas ações usando os verbos no começo. Esse tipo de verbo indica uma *ação* clara e específica que lhe dará a direção necessária para concluí-la. Eis alguns exemplos de verbos eficazes para próximas ações:

Telefonar...	Organizar...	Revisar...
Comprar...	Inscrever-se...	Procurar...
Ler...	Medir...	Conversar com...
Limpar...	Pesquisar...	Juntar...
Imprimir...	Rascunhar...	Esperar...
Buscar...	Levar...	Mandar e-mail para...

Sem uma próxima ação, uma lacuna potencialmente infinita permanece entre a sua realidade atual e o que você precisa fazer.

Escolha um verbo para a próxima ação

Este exercício ajudará a esclarecer as próximas ações e o uso de verbos de ação. Veja três exemplos para descrever uma próxima ação. Qual dos verbos usados é claro e específico?

VERBO DA PRÓXIMA AÇÃO Nº 1

(Assinale uma das opções)
- ☐ Entrar em contato com Shantel
- ☐ Falar com Shantel
- ☐ Telefonar para Shantel

Sua resposta

Entrar em contato com Shantel. Chega perto, mas é vago.

Falar com Shantel. Chega perto, mas é vago.

Telefonar para Shantel. Sim. Esse verbo é específico.

VERBO DA PRÓXIMA AÇÃO Nº 2
- [ ] Acessar a internet e comprar tênis de corrida novos
- [ ] Arranjar tênis de corrida novos
- [ ] Pesquisar tênis de corrida novos

Sua resposta
Entrar na internet e comprar tênis de corrida novos. Sim. Escolha verbos breves que expressem ação.

Arranjar tênis de corrida novos. Chega perto, mas é vago.

Procurar tênis de corrida novos. Talvez, dependendo do resultado que você deseja obter. Você quer procurar nas lojas ou quer comprar tênis de corrida novos?

VERBO DA PRÓXIMA AÇÃO Nº 3
- [ ] Revisar as pesquisas de mercado
- [ ] Dar uma olhada nas pesquisas de mercado
- [ ] Pesquisas de mercado

Sua resposta
Revisar as pesquisas de mercado. Sim. O verbo é preciso e expressa ação.

Dar uma olhada nas pesquisas de mercado. Isso é tudo que você precisa fazer, dar uma olhada? Escolha uma opção mais específica.

Pesquisas de mercado. Esse é um atalho comum que não é uma prática recomendada. Escrever um substantivo sozinho não é suficiente; comece com um verbo que seja específico e expresse uma ação.

4º passo. Crie uma lista Algum dia/Talvez.

Agora você tem consciência de que realizar o acompanhamento das próximas ações é essencial para fazer as coisas avançarem. Essas próximas ações são os itens que você identificou como coisas importantes para fazer à medida que o tempo permitir.

Provavelmente você tem muitas atividades que gostaria de fazer em algum momento. Não são tão certas ou relevantes a ponto de já entrarem na lista de Próximas Ações. Mas você ainda quer capturar essas ideias quando elas surgirem, para tirá-las da cabeça. Lembre-se: sua mente serve para *ter* ideias, não para *armazená-las*. Alguns exemplos de itens da lista Algum dia/Talvez poderiam ser:

- Estudar como a inteligência artificial pode afetar o seu setor.
- Começar a procurar uma casa nova.
- Investigar um novo concorrente.
- Aprender a tocar um instrumento musical.
- Atualizar seu perfil no LinkedIn.
- Pesquisar cursos de pós-graduação na internet.

Quando começar a usar essa nova lista, lembre-se de que os itens da lista Algum dia/Talvez não são itens que você está jogando fora. Em vez disso, podem realmente vir a ser as coisas mais criativas e interessantes com as quais você já se envolveu.

IMPORTANTE! Quando estiver pronto para tratar do item que está na lista Algum dia/Talvez, decida qual é a próxima ação e mova-o para a lista de Próximas Ações. E vice-versa: se resolver que não vai agir em relação a algo que já está na lista de Próximas Ações, mova-o para a lista Algum dia/Talvez.

PARE

> Dê uma pausa na leitura agora e reserve alguns minutos para criar sua lista Algum dia/Talvez usando a mesma ferramenta escolhida para a lista de Próximas Ações.

5º passo. Crie uma lista Aguardando Resposta.

A lista Aguardando Resposta serve para registrar as coisas que você está esperando dos outros e lhe permite acompanhar o status delas.

Os itens da lista Aguardando Resposta podem ser tarefas que você delegou, a aprovação que requisitou para um projeto ou algo que encomendou e ainda não chegou.

Também é bom acrescentar a data em que começou a aguardar e o prazo, se houver.

Exemplos de itens em uma lista Aguardando Resposta, com a data em que cada um foi registrado:

- Miguel: Retorno do contrato das instalações em São Francisco – 14 Nov.
- Melinda: Custo da assessoria para os planos de marketing – 2 Nov.
- Anthony: Carpete do Home Depot: pedido feito em 5 Nov.
- Médico da mamãe: Resultado dos últimos exames – 3 Nov.
- Contador: Orientação sobre deduções de despesas de saúde – 6 Nov.

!

PARE

> Dê uma pausa na leitura agora e reserve alguns minutos para fazer sua lista Aguardando Resposta usando a mesma ferramenta escolhida para a lista de Próximas Ações.

Seu calendário

O calendário é possivelmente *a parte mais confiável* do seu sistema atual. Para que continue digno de confiança, o mais recomendado é usá-lo para registrar apenas *três tipos* de informação:

1. **Ações em horários específicos** – Coisas que precisam acontecer em data e horário determinados. Exemplo: *Reunião com a equipe às 8h45 da manhã.*

    Uma reunião é um exemplo de ação em um horário específico. Geralmente é como as pessoas usam seus calendários. Além de reuniões, as ações em horários específicos podem incluir:
    - *agendamentos;*
    - *tempo reservado para realizar determinada atividade.*

2. **Ações em dias específicos** – Coisas que precisam acontecer durante aquele dia, mas não em uma hora específica. Exemplo: *Telefonar para James antes do fim do dia.*

Uma ação em dia específico pode ser um telefonema que você precisa dar antes do final do dia ou estar relacionada aos exemplos seguintes:
- *uma pauta referente à reunião de amanhã que você precisa preparar e distribuir a todos os envolvidos hoje;*
- *remessas que precisam ser enviadas ainda hoje.*

3. **Informações em dias específicos** – Informações que você deve obter naquele dia ou das quais precisa se lembrar naquele dia, mas que não necessariamente demandam alguma ação da sua parte. Exemplo: *Aniversário do Miguel.* Outros exemplos de informações em dias específicos incluem:
- *coisas que podem atrapalhar o seu dia (manutenção dos servidores, mudança de escritório, etc.);*
- *eventos externos que exigem atenção (grandes acontecimentos na cidade, fechamento de ruas, etc.);*
- *atividades de pessoas importantes na sua vida (familiares, amigos, colegas de trabalho, etc.).*

MUITA ATENÇÃO!

Não é recomendado pôr no calendário próximas ações que você simplesmente *gostaria* de fazer, porque, se for incapaz de concluí-las naquele dia, o calendário ficará menos confiável – e você terá que passar os itens para outro dia. Além disso, você não terá mais um único local para as próximas ações, que poderia ser facilmente acessado quando tivesse um intervalo durante o dia. Em seu calendário devem entrar apenas as coisas que têm que ser feitas em determinado dia e horário, como reuniões, encerramento de prazos e eventos específicos daquele dia em questão – as coisas que você *precisa* fazer, não as que *gostaria de tentar* fazer. E, se são específicas daquele dia e horário, então elas *não* vão para a lista de Próximas Ações.

Perguntas frequentes

Sobre criar a lista de Próximas Ações e outras listas

Há um modo correto de sequenciar as próximas ações em uma lista?
Não. Faça como preferir. Se a lista ficar longa demais, avalie se algo pode ser movido para a lista Algum dia/Talvez. Veja também as "Práticas avançadas" a seguir e organize suas listas por contexto.

Com que frequência devo olhar meu calendário?
Normalmente, de manhã cedinho ou à noite, para ver os itens do dia seguinte, e com a frequência necessária para se assegurar de que sabe o que está por vir. Algumas pessoas dão um passo a mais: configuram um alarme no celular para lembrá-las com antecedência de reuniões e outros compromissos.

Com que frequência devo revisar minhas listas?
Você deve revisar sua lista de Próximas Ações quando tiver tempo disponível, para ver em que pode trabalhar no momento. Quando fizer a Revisão Semanal do GTD, você examinará cada uma das listas para garantir que estejam atualizadas e continuem úteis.

Práticas avançadas

Outras listas de Próximas Ações

Em algum momento, depois de identificar todas as suas próximas ações, pode ser que você descubra que o volume delas parece grande demais para uma única lista. Se esse for o caso, considere subdividir os itens em contextos separados, como a localização ou a ferramenta específica para realizar a atividade.

Por exemplo, você pode decidir que, ao manter as coisas a resolver **Na rua** em uma lista separada, fica mais fácil ver todas elas juntas quando estiver fora de casa. Ou que manter listas distintas para quando estiver **No escritório** e **Em casa** talvez faça mais sentido para você.

Mais uma vez: no começo, mantenha seu sistema o mais simples possível e, depois, permita-se experimentar maneiras de personalizá-lo de acordo com a sua realidade.

Parabéns!
Você terminou a 6ª etapa com sucesso!

Vá para a página 217 do Guia Prático e atualize o Acompanhamento do Progresso com a data de hoje.

> "A essência da Arte de Fazer Acontecer é saber o que 'feito' significa, com que 'fazer' se parece e onde acontece; e esse tipo de informação nunca é óbvio. Requer raciocínio – não muito, porém mais do que você imagina."

—DAVID ALLEN

7ª ETAPA
Acompanhe seus projetos em uma única lista

Por que você precisa desta etapa

Agora você tem um punhado de listas prontas onde pode capturar todas as suas próximas ações ou outras ações do tipo "Algum dia/Talvez" ou "Aguardando Resposta". Os projetos são o próximo nível, acima das *ações*. Talvez você precise controlar *muitos* projetos pessoais e profissionais em andamento ao mesmo tempo. Esta etapa trata do acompanhamento desses projetos.

O que é um projeto?

Em poucas palavras, um projeto é qualquer coisa que você precise ou queira fazer que exija *mais de uma ação* e que você possa finalizar em até um ano. Como identificar projetos é importantíssimo para concluir as coisas, você necessita de uma forma simples e precisa de fazer esse acompanhamento: a sua lista de Projetos.

O que é a lista de Projetos?

A lista de Projetos é um inventário dos seus projetos atuais. Manter a lista de Projetos vai ajudar você a se manter organizado e economizar seu tempo dando-lhe acesso a uma lista deles. Essa prática recomendada tornará mais fácil concluir as coisas e reduzir o estresse.

O que vai para a lista de Projetos?

Pense em todas as tarefas de múltiplos passos que você quer concluir em até um ano, como terminar o relatório trimestral, reorganizar o departamento, mobiliar o quarto do filho, tirar o certificado de mergulho. Maiores ou menores, todos são projetos com vários passos e merecem espaço na sua lista. Exemplo de uma lista de Projetos:

Pesquisar dados sobre as operações da J. Smith Inc.
Implementar o orçamento do novo ano fiscal
Trocar de carro
Contratar diretor de marketing
Atualizar a lista de fornecedores
Instalar nova infraestrutura de software

Lista de Projetos versus lista de Próximas Ações

Talvez você esteja se perguntando: "Qual é a diferença entre uma lista de Projetos e uma lista de Próximas Ações? Não posso usar uma ou outra em vez de ter as duas?"

Não é bem por aí. Embora as duas listas ajudem a manter o controle do trabalho, cada uma tem um propósito diferente.

Sua lista de Próximas Ações identifica a próxima ação física, única e específica que você executará. Por outro lado, a lista de Projetos identifica os resultados desejados que *exigirão mais de uma próxima ação* e levam até um ano para serem alcançados.

Em outras palavras, a lista de Projetos captura os resultados desejados de cada um dos seus projetos atuais, ao passo que a lista de Próximas Ações acompanha individualmente as próximas ações, tanto as que contribuem para algum projeto quanto as que são isoladas.

Em média, as pessoas tendem a ter entre 20 e 100 projetos em andamento. Talvez você se surpreenda ao descobrir que tem mais projetos do que imaginava!

7ª ETAPA
Passo a passo

1º **passo.** Crie uma lista de Projetos.

2º **passo.** Povoe sua lista de Projetos.

3º **passo.** Enuncie cada projeto em termos do resultado desejado e comece com um verbo de resultado final.

4º **passo.** Escreva pelo menos uma próxima ação para cada projeto.

1º passo. Crie uma lista de Projetos.

Com a ferramenta que você escolheu na 6ª etapa, crie uma lista e chame-a de "Lista de Projetos".

O PODER DAS LISTAS DE PROJETOS

Uma lista completa e atualizada com todos os seus projetos é uma das listas mais importantes para você manter. Ela lhe oferece um apanhado rápido dos seus compromissos ao longo dos próximos 12 meses, em média. Inclui os projetos que você quer fazer e aqueles que acredita que "tem que fazer", tanto pessoais quanto profissionais.

Sua lista de Projetos não precisa ser complicada. Você só tem que listar o nome de cada projeto, enunciado como o resultado desejado, com pelo menos uma próxima ação associada.

Criar uma lista de Projetos pode ser desafiador. Para muita gente, é fonte de ansiedade, principalmente na primeira vez. No entanto, ao listar os seus projetos – e torná-los mais visíveis para si mesmo –, você passará a ter uma sensação maior de controle. Começará a ver tudo aquilo com que se comprometeu, o que, por sua vez, lhe permitirá decidir o que deve excluir, renegociar ou em que deve se esforçar mais.

> **Você só pode se sentir bem em relação ao que não está fazendo quando sabe tudo que não está fazendo.**
>
> **DAVID ALLEN**

2º passo. Povoe sua lista de Projetos.

Agora que tem sua lista, está na hora de adicionar projetos a ela. Use esta e as próximas páginas para refletir sobre os itens que depois poderão ser transferidos para sua nova lista de Projetos e registrá-los.

METAS E OBJETIVOS

Geralmente, suas metas e seus objetivos atuais no trabalho que podem ser atingidos dentro de um ano são projetos. Capture-os abaixo:

1. _____
2. _____
3. _____
4. _____
5. _____
6. _____
7. _____
8. _____

Revise os itens que enumerou acima. Circule os que são projetos e transfira-os para sua lista de Projetos.

ATIVIDADES ATUAIS

Seu calendário, sua lista de Próximas Ações, sua lista Aguardando Resposta e seu espaço de trabalho têm o potencial de disparar lembretes de projetos que você precisa concluir. Reserve um momento para revisar essas listas e lugares e registre abaixo o que descobrir:

1. _____
2. _____
3. _____
4. _____
5. _____
6. _____
7. _____

Revise os itens que enumerou acima. Circule os que são projetos e transfira-os para sua lista de Projetos.

METAS DE CARREIRA

Quais são suas metas de carreira? O que quer alcançar na vida profissional? Registre abaixo seus pensamentos:

1. _____

2. _____

3. _____

4. _____

Revise os itens que enumerou acima. Alguns deles podem ser concluídos até o ano que vem? Se puderem, circule-os, decida se quer transformá-los em projetos e transfira-os para sua lista de Projetos. Os que restarem podem ir para a lista Algum dia/Talvez.

PROBLEMAS

Todos enfrentamos problemas. A própria circunstância de estar vivo neste mundo resulta em situações que não nos satisfazem e que identificamos como problemas. No espaço abaixo, enumere vários problemas que esteja enfrentando atualmente:

1. _____
2. _____
3. _____
4. _____
5. _____
6. _____
7. _____

Um dos princípios básicos do GTD é *ver os problemas como projetos*. Quando identificar um problema, reformule-o e rotule-o como um projeto. Pronto! Agora isso indica que há uma solução a encontrar e que ela pode ser obtida por meio de ações. A solução do problema se torna o resultado desejado do projeto.

RESULTADO DESEJADO

Reformule cada um dos problemas que enumerou na página anterior como um projeto no espaço abaixo. Lembre-se: sempre enuncie os projetos em termos do resultado desejado. Este se tornará o nome do projeto.

1. _____
2. _____
3. _____
4. _____
5. _____
6. _____
7. _____
8. _____

Revise os resultados desejados que enumerou acima. Circule aqueles que quiser transferir para sua lista de Projetos. Os que restarem podem ir para a lista Algum dia/Talvez.

AUTOAPRIMORAMENTO

Quando pensa em autoaprimoramento, o que lhe vem à mente? Há aspectos da sua vida que você gostaria de mudar? Há algum resultado que queira alcançar em termos pessoais ou profissionais? Registre abaixo os itens que lhe vierem à mente. (Não, você não precisa preencher todos os seis. E, sim, você pode acrescentar mais, se quiser. A vida é sua, e não há tempo melhor do que o presente!) Enuncie cada um como um resultado desejado.

1. _____
2. _____
3. _____
4. _____
5. _____
6. _____

Revise os itens que enumerou acima. Circule os que gostaria de assumir como projetos e transfira-os para sua lista de Projetos. Os que restarem podem ir para a lista Algum dia/Talvez.

EXPRESSÃO CRIATIVA

Há algum interesse pessoal que você gostaria de desenvolver? Cozinhar, desenhar, programar, tricotar? Registre esses interesses abaixo e transfira os escolhidos para sua lista de Projetos. Os que restarem podem ir para a lista Algum dia/Talvez.

1. _____

2. _____

3. _____

4. _____

5. _____

3º passo. Enuncie cada projeto em termos do resultado desejado e comece com um verbo de resultado final.

RESULTADO DESEJADO

Examine a lista de Projetos que criou e verifique se cada um está enunciado em termos do resultado desejado. Pense no resultado maior, melhor, mais rápido e mais fácil que você quer.

Exemplos de resultados desejados:

- Concluir a reorganização do escritório.
- Implementar o orçamento do novo ano fiscal.
- Finalizar a pesquisa sobre a J. Smith Inc.
- Comprar um carro novo. (Tecnicamente, o resultado desejado é possuir o carro novo, ao passo que a atividade necessária para produzir o resultado é "comprar" o carro.)
- Contratar diretor de marketing. (Mesma coisa. Tecnicamente, o resultado desejado é ter a nova pessoa na equipe, ao passo que a atividade necessária para produzir o resultado é "contratar" a pessoa.)

VERBOS DE AÇÃO

Também funciona enunciar os projetos em termos da *ação necessária para produzir o resultado desejado*, como completar, atualizar, organizar, comprar, implementar, etc. Ao contrário dos verbos de Próximas Ações, os da lista de Projetos devem sugerir a conclusão de *múltiplos passos*.

Eis alguns exemplos de verbos de ação eficazes para projetos:

Finalizar...	Resolver...	Estabelecer...
Organizar...	Apresentar...	Maximizar...
Garantir...	Reorganizar...	Publicar...
Atualizar...	Projetar...	Completar...
Instalar...	Lançar...	Implementar...

4º passo. Escreva pelo menos uma próxima ação para cada projeto.

Agora que criou a lista de Projetos com todos os seus projetos, há mais um passo: escrever uma próxima ação para cada projeto. Essa é a *primeira* e *mais imediata* próxima ação. Fazer isso garante que você tenha na sua lista um lembrete do que vai fazer o projeto avançar.

Você pode *fazer* próximas ações, mas não pode "fazer" um projeto. Pode apenas executar as ações que ele exige, começando pela primeira ação lógica.

Exemplos:

Projeto/Resultado desejado *(Qual é o maior resultado desejado? Como você saberá que foi atingido?)*	Próxima ação *(De que você precisa para isso? Tem tudo de que precisa?)*
Concluir a reorganização do escritório	Telefonar para a Susan a respeito dos gaveteiros
Implementar o orçamento do novo ano fiscal	Mandar e-mail para o Bill e pedir uma cópia do orçamento do ano passado
Pesquisar dados sobre as operações da J. Smith Inc.	Rascunhar proposta de parceria
Trocar de carro	Pesquisar avaliações de modelos na internet
Contratar diretor de marketing	Conversar com o Sean sobre descrição do cargo

!

TREINO: ESCOLHER A PRÓXIMA AÇÃO DE UM PROJETO

Dê uma olhada nos projetos a seguir e tente identificar qual deveria ser a próxima ação mais adequada.

Projeto nº 1: Consertar o carro.

Qual é a próxima ação deste projeto? *(Assinale uma das opções)*
- [ ] Pensar em formas alternativas de ir para o trabalho.
- [ ] Poupar dinheiro para o conserto.
- [ ] Telefonar para o mecânico.

Sua resposta

Pensar em formas alternativas de ir para o trabalho. Pode ser uma atitude importante, mas não faz o projeto avançar. Tente outra opção.

Poupar dinheiro para o conserto. Sim, se você souber que custará mais do que tem agora.

Telefonar para o mecânico. Sim, essa pode ser a próxima ação específica necessária para consertar o carro.

Projeto nº 2: Terminar a proposta que você ficou de entregar na próxima sexta-feira.

Qual é a próxima ação deste projeto?
- ☐ Escrever a proposta.
- ☐ Redigir um rascunho.
- ☐ Estimar o orçamento.

Sua resposta

Escrever a proposta. Essa poderia ser a próxima ação se este não fosse realmente um projeto. (Os projetos precisam de múltiplas ações para serem concluídos.) Tente outra opção.

Redigir um rascunho. Sim, essa pode ser a próxima ação lógica a executar para concluir a proposta.

Estimar o orçamento. Sim, essa pode ser a próxima ação lógica a executar para concluir a proposta.

Projeto nº 3: Pintar a sala de estar.

Qual é a próxima ação deste projeto?
- ☐ Visitar lojas de materiais de construção para escolher uma cor para as paredes.
- ☐ Pensar em amigos que podem ajudá-lo com a pintura.
- ☐ Considerar a compra de móveis novos.

Sua resposta

Visitar lojas de materiais de construção para escolher uma cor para as paredes. Sim, essa é uma próxima ação possível para pintar a sala de estar.

Pensar em amigos que podem ajudá-lo com a pintura. Mas como fazer com que eles se envolvam? Um pouco vaga demais como próxima ação para pintar a sala de estar.

Considerar a compra de móveis novos. Essa pode ser uma ação ou projeto separado, mas não faz este projeto avançar. Tente outra próxima ação para ele.

Projeto nº 4: Aprender WordPress para construir o seu site.

Qual é a próxima ação deste projeto?

☐ Encontrar recursos na internet para aprender WordPress.
☐ Descobrir se sua empresa vai reembolsar o custo.
☐ Matricular-se em um curso que ensina WordPress.

Sua resposta

Encontrar recursos na internet para aprender WordPress. Sim, essa pode ser a próxima ação para este projeto.

Descobrir se sua empresa vai reembolsar o custo. Ainda não é uma ação enunciada de maneira específica. Como você descobriria?

Matricular-se em um curso que ensina WordPress. Sim, essa pode ser a próxima ação deste projeto, desde que você saiba onde se matricular.

Perguntas frequentes

Acompanhe seus projetos em uma única lista

Posso ter várias listas de Projetos?
Se precisar de múltiplas listas de Projetos, fique à vontade. Algumas pessoas preferem uma para o trabalho, outra para uso pessoal. No entanto, uma única lista pode ser melhor, porque serve como inventário principal, um lugar onde você pode ter a certeza de que verá todos os seus projetos. Veja "Práticas avançadas" na página 153.

E quanto aos projetos delegados?
Pode ser que algum projeto que queira concluir tenha sido entregado, em parte ou inteiro, a alguém – algum subordinado, por exemplo, ou um membro da família. Nesses casos, talvez seja bom ter uma lista de **Projetos Delegados** para acompanhá-los. Sua Revisão Semanal do GTD deve incluir essa lista e as possíveis próximas ações para dar continuidade a esses projetos que foram delegados.

E se alguns projetos exigirem a conclusão de subprojetos?
É possível decompor projetos grandes em subprojetos ou listá-los como projetos separados. Não faz diferença. Faça o que for mais confortável para você. Contanto que revise regularmente sua lista de Projetos, você se manterá em dia.

DE UM USUÁRIO DO GTD

"Em certo momento, eu tinha mais de 140 itens na minha lista de Projetos! Reconhecia que tinha compromissos demais, mas não sabia o que fazer. Cada projeto tinha um resultado claro e uma próxima ação, mas ainda assim percebi que simplesmente não concluiria todos eles. Foi difícil para mim, mas, ao mesmo tempo, um alívio enorme. Para tornar a situação mais administrável, escolhi os projetos que eram mais relevantes para mim e reduzi minha lista para 60 projetos viáveis. Alguns, decidi que não faria nunca; outros, passei para a lista Algum dia/Talvez. Ficou muito melhor."

Práticas avançadas
Outras listas de Projetos

Depois de dominar o uso da sua lista de Projetos, talvez você sinta necessidade de criar seções dentro dessa lista ou então listas de Projetos separadas. Eis alguns exemplos:

1. **Listas Pessoal/Profissional.** Algumas pessoas se sentem melhor dividindo as listas em projetos pessoais e profissionais. Será preciso revisar a lista Pessoal com a mesma atenção da lista Profissional – e não deixe a lista Pessoal só para os fins de semana! Em geral, algumas das maiores pressões sobre os profissionais vêm de aspectos da vida pessoal que eles deixam sem acompanhamento.

2. **Projetos Delegados.** Como mencionamos na seção de "Perguntas frequentes", você pode criar uma lista de **Projetos Delegados** para acompanhar os que atribuiu a outras pessoas. Lembre-se de revisar essa lista e monitorá-la com regularidade para se assegurar de que tudo está avançando apropriadamente.

3. **Tipos específicos de projeto.** Em algumas situações, talvez seja interessante agrupar vários projetos diferentes do mesmo tipo. Por exemplo, você pode ter uma categoria chamada **Projetos: Viagens**, com uma lista cronológica de todos os seus próximos eventos centrados em viagens, se costuma viajar a trabalho. Nesse caso, você revisaria essa lista para acompanhar as próximas ações até a conclusão de cada um deles – como faria com as outras listas de Projetos. Mas pode ser útil reunir todas as viagens em uma lista diferente, se-

parada de outros projetos, na ordem em que estiverem agendadas no seu calendário.

4. **Criando subprojetos.** Alguns dos seus projetos provavelmente terão projetos secundários, cada um deles considerado um projeto inteiro por si só. Se puser um projeto grande como um item único na sua lista de Projetos, você precisará manter uma lista dos subprojetos e/ou o próprio plano do projeto como "material de apoio ao projeto", para que possa revisar quando chegar àquele projeto maior. Essa técnica é recomendada quando partes grandes do projeto dependem da conclusão prévia de outras partes. Se esse for o caso, você pode ter subprojetos sem nenhuma próxima ação ligada a eles. Isso porque essas ações aguardam que outras coisas aconteçam antes que possam avançar. Por exemplo: talvez você não consiga começar "Renovar a cozinha" antes de terminar "Avaliar e modernizar o sistema elétrico da casa". Ou talvez só possa custear um dos grandes projetos domésticos de cada vez, e então faz sentido mantê-los em fila, na ordem de prioridade. No entanto, você pode dar o sinal verde a "Finalizar o jardim" de forma independente dos outros subprojetos. Nessa situação, é bom ter uma próxima ação sempre em andamento nesse projeto maior para que ele avance de maneira separada.

Parabéns!
Você terminou a 7ª etapa com sucesso!

Vá para a página 217 do Guia Prático e atualize o Acompanhamento do Progresso com a data de hoje.

"Algumas pessoas costumam ter listas com grandes metas e visões, enquanto outras têm simples listas de afazeres. Poucas delas têm uma lista com os resultados intermediários (ou seja, projetos), e essa é uma lista essencial para permanecer focado nas coisas certas semana a semana."

— DAVID ALLEN

8ª ETAPA
Crie pastas para se manter organizado

Por que você precisa desta etapa

Você precisa desta etapa se já fez perguntas do tipo:

- "Cadê aquele formulário que recebi outro dia?"
- "Caramba, onde foi que pus aquele papel?"
- "Por favor, pode me reenviar o arquivo?"
- "Onde é que guardei aquele e-mail?"

Ser desorganizado é um dos maiores fatores de estresse na vida, além de impedir que você seja produtivo.

Usar pastas para se manter organizado é valioso para poupar tempo e evitar frustrações e preocupações. O sistema que você está prestes a implementar lhe permite **armazenar** rapidamente informações de maneira organizada e **acessá-las** rapidamente quando necessário. Você verá que é flexível, completo e expansível para todo o seu material de referência e apoio.

Esta etapa trata da criação de um modo simples e administrável de organizar seus documentos e arquivos.

DE UM USUÁRIO DO GTD

"Durante anos não tive um sistema de arquivamento confiável. Minha mesa ficava totalmente tomada por pilhas de pastas e folhas de papel. Não conseguia encontrar nada quando precisava. Ter as pastas certas mudou meu modo de trabalhar. Em menos de um minuto sou capaz de arquivar ou encontrar a referência ou os documentos de que preciso para o projeto."

8ª ETAPA
Passo a passo

1º passo. Compre suprimentos.

2º passo. Monte as pastas para organizar papéis.

3º passo. Crie as pastas digitais.

1º passo. Compre suprimentos.

Sim, mesmo que você tenha criado listas digitais em um aplicativo, ainda há algumas coisas que terá que fazer manualmente. Para isso, vai precisar de:

- ☐ **Um kit de pastas** – Compre várias pastas para arquivo e use etiquetas para nomeá-las. Se possível, evite pastas suspensas. Se tiver que usá-las nesse formato, recomendamos colocar pastas menores dentro delas e etiquetar essas, não as suspensas.
- ☐ **Etiquetas ou divisórias de A a Z** – Há divisórias de pastas que ajudam a organizar o material de referência. Ou você pode usar etiquetas. Obviamente, todas as pastas cujo nome comece com A serão colocadas atrás da pasta com o A pré-impresso, em ordem alfabética. Repita o mesmo procedimento nas pastas *B* a *Z*.
- ☐ **Um pacote de etiquetas em branco (para preencher à mão) ou, melhor ainda, um rotulador** – Você pode usar tanto etiquetas em branco quanto um rotulador. O rotulador é um ótimo investimento! Mantém o arquivo limpo e fácil de manusear. (Você vai se surpreender com a sensação boa que dá! Na mesma hora se sentirá mais organizado.)
- ☐ **Um gaveteiro, gavetas separadas para arquivamento ou uma caixa organizadora para conter as pastas** – Talvez seja bom comprar um gaveteiro. Escolha um que tenha uma boa estrutura. Esta não é a hora de poupar na qualidade.

!

PARE

Antes de continuar, certifique-se de ter à mão todos os suprimentos listados na página anterior.

2º passo. Monte as pastas para organizar papéis.

Com os suprimentos à sua frente, crie pastas para os itens a seguir e arrume-os em ordem alfabética em seu gaveteiro ou caixa organizadora. (Como esse procedimento pode levar até uma hora, é bom se planejar para isso.)

- **Pasta para o material de suporte a próximas ações** – Esta pasta conterá papéis e informações que o ajudem a concluir os itens da sua lista de Próximas Ações. Entre eles estão lembretes a si mesmo, documentos, folhetos, cronogramas e o que você precisar para concluir as próximas ações. Em geral, é mais simples e rápido ter uma pasta só para todos esses itens em vez de criar uma pasta separada para cada um deles.
- **Pastas de Projetos** – Cada um dos seus projetos que possa ter materiais secundários relevantes deveria ter uma pasta própria, com o nome do projeto na etiqueta. Essas pastas guardam todo o material de suporte e referência para o seu trabalho nesses projetos. Incluem material que não demanda ação imediata, como cronogramas, documentos de planejamento, anotações feitas em reuniões, exemplos de outros projetos, listas de ideias e outros itens. Algumas pessoas preferem manter suas pastas de Projetos à mão, na mesa ou ao lado do gaveteiro.
- **Pastas de A a Z** – Essas pastas contêm quaisquer informações e material de referência que não demandem ação e que você queira ou precise manter. Podem ser artigos, recibos, contratos e outros documentos, itens que talvez você precise consultar mais tarde. Crie uma pasta para cada tópico ou categoria, dependendo das suas necessidades. Arrume-as em ordem alfabética para que só precise olhar em um ou dois lugares para encontrar o que necessita.
- **Pasta para o material de suporte ao que está aguardando resposta** – É nessa pasta que você coloca os lembretes dos itens que está aguardando, como o detalhamento do que foi delegado, solicitações de outras pessoas, recibos de itens encomendados e coisas semelhantes. Inclua esses itens na lista Aguardando Resposta, já que essa pasta só contém materiais complementares que podem ser necessários para fazer o acompanhamento.

- **Pasta "Para Casa"** – Qualquer coisa que precise ser transferida do escritório para casa vai para essa pasta. Ela pode ficar na sua pasta executiva, na sua bolsa ou em um lugar específico do escritório.
- **Pasta "Para o Escritório"** – As coisas que precisam ser transferidas de casa para o escritório vão para essa pasta. Ela pode ficar na sua pasta executiva, na sua bolsa ou em um lugar específico em casa.

!

PARE

Antes de continuar, certifique-se de ter criado todas as pastas e de tê-las organizado em ordem alfabética no sistema de arquivamento que escolheu.

3º passo. Crie as pastas digitais.

Você pode seguir um processo semelhante ao do passo anterior para organizar seus arquivos digitais em pastas no computador ou na nuvem. É útil ter um sistema paralelo para documentos digitais e em papel.

- ☐ Para os e-mails – Crie as seguintes pastas de e-mails e as coloque no topo da sua lista de pastas:
    - *Próximas Ações*
    - *Aguardando Resposta*
    - *Pastas separadas para cada projeto que tenha e-mails relevantes*

- ☐ Em vez de criar pastas de A a Z para todos os e-mails que quiser guardar, uma opção é manter uma única pasta de Arquivo. Hoje, os programas de e-mail oferecem uma excelente capacidade de busca. Quando precisar localizar um e-mail específico, use o campo de pesquisa e procure por remetente, destinatário ou assunto.

Para tirar proveito disso, em vez de criar pastas de A a Z e arquivar cada e-mail que quiser guardar, pule inteiramente esse processo. Crie uma pasta de armazenamento e nomeie-a com o ano atual. (Você pode usar o ano e o trimestre se o número de e-mails que quiser guardar for muito grande, como "2021 T1".)

Em alguns programas de e-mail, é possível usar o símbolo @ ou algum outro caractere especial na frente do nome da pasta que você quer que apareça no topo da lista.

DICAS PARA CRIAR UM SISTEMA DESCOMPLICADO DE ARQUIVAR PAPÉIS

MELHOR PRÁTICA	NÃO RECOMENDADO
Gavetas que só estejam ⅔ cheias permitem fácil acesso e tornam o arquivamento e a recuperação fáceis e rápidos.	Gavetas lotadas tornam o ato de arquivar difícil e desagradável e dificultam a localização dos documentos.
Use um único sistema para organizar as pastas.	Sistemas múltiplos de arquivamento ou codificados por cores são muito complicados de manter.
Guarde perto de você pastas e etiquetas novos, sem uso. Deixe esses suprimentos bem à mão, próximo à sua mesa.	Não ter pastas vazias à mão.
Use mais gavetas quando necessário, se o arquivo crescer. Faça uma faxina no arquivo pelo menos uma vez por ano.	Deixar arquivos e documentos velhos e desatualizados entulhando a gaveta.
Use um rotulador em vez de etiquetas manuscritas.	Etiquetas manuscritas podem ser difíceis de ler e não dão a mesma satisfação.
É fácil acrescentar pastas rapidamente. Se tiver que usar pastas suspensas, evite os visores plásticos para etiquetas; basta etiquetar as pastas comuns e colocar uma ou duas dentro de cada pasta suspensa.	As pastas suspensas e os visores de plástico são muito complicados de usar.

Perguntas frequentes

Sobre criar pastas para se manter organizado

E se eu tiver que usar pastas suspensas no trabalho?
A maioria dos gaveteiros ou das gavetas de arquivo das escrivaninhas é construída para pastas suspensas e algumas empresas exigem seu uso. Recomendamos que você só ponha uma ou duas pastas dentro de cada pasta suspensa e rotule a pasta inicial em vez da pasta suspensa. Isso torna muito mais fácil ver e achar as pastas e permite que o sistema de A a Z funcione melhor sem brigar com pastas suspensas cheias demais.

Por que o rotulador é importante?
As etiquetas impressas com o rotulador mantêm o sistema bonito e eficiente. Você se surpreenderia com o número de pessoas que me dizem como faz diferença ter no arquivo etiquetas mais limpas e claras. Elas afirmam que o tempo, o esforço e o custo valem a pena.

Há alguma marca ou loja que você recomende?
Só há uma recomendação: qualidade. Não economize aqui. Você procura pastas robustas e resistentes. Use um gaveteiro ou outro móvel forte. Procure os suprimentos mais duráveis com o melhor preço que encontrar.

Por que usar etiquetas alfabéticas de A a Z? Não posso codificar por cor?
A codificação por cor é bonita, mas vira um tormento quando você está criando pastas e precisa manter o inventário das cores. Acredite em mim: a ordem alfabética é o único sistema que se mantém eficaz por períodos significativos de tempo. É fácil e rápida.

Com que frequência devo limpar meus arquivos?
Faça uma faxina com a frequência necessária para manter o sistema bonito e eficiente. Ninguém quer que o sistema de arquivamento vire uma gaveta cheia de lixo. Verifique suas pastas pelo menos uma vez por ano e jogue fora tudo que não for mais necessário. Estique as folhas de papel. Substitua as pastas que estiverem gastas ou rasgadas.

Práticas avançadas

Use um arquivo de Referência Rápida

O arquivo de Referência Rápida (sistema *tickler*) é um conjunto de pastas com datas futuras. O propósito dele é exibir o material disponível no dia em que for necessário. Entre os exemplos estão anotações para a próxima reunião, documentos de viagem ou o cartão de aniversário comprado para alguém.

Configuração típica

1. Tenha em seu gaveteiro ou sua caixa organizadora de arquivo uma seção nomeada "Referência Rápida".
2. Pegue uma pilha de pastas e numere-as de 1 a 31 para representar cada dia do mês.
3. Atrás dessas pastas, coloque 12 pastas com o nome de cada mês. Isso lhe dá um ano de pastas.

Como usar

1. Quando tiver um papel de que precisará em uma data específica, guarde-o na pasta daquele mês.
2. No primeiro dia de cada mês, remova os itens da pasta daquele mês e arrume-os nas pastas diárias (1 a 31).
3. Recupere as informações de um determinado dia quando necessário. Observação: não se esqueça de anotar no calendário que o papel necessário para o evento marcado está na Referência Rápida.

Esse tipo de sistema também é chamado de arquivo perpétuo, *follow up* ou suspenso.

Gatilhos digitais

Talvez você prefira usar seu calendário digital para essa função do *"tickler"*, aproveitando o espaço para informações para lembrá-lo de algo em uma data específica. Se houver material físico relevante, mantenha-o no sistema de arquivamento baseado em papel, para onde sua anotação digital apontará.

Crie uma pasta Ler/Revisar

Sem dúvida você descobrirá algumas coisas na sua caixa de entrada cuja próxima ação é apenas ler. É melhor administrar esses itens impressos que exigirão mais de dois minutos colocando-os em uma pasta ou bandeja empilhável com o título **Ler/Revisar**. Você pode ter tanto uma versão física quanto uma digital dessa pasta.

Dicas para dar conta da leitura

☐ Mantenha alguns desses itens com você para aproveitar o tempo quando estiver aguardando uma reunião ou uma consulta médica.

☐ Leve-os em viagens de avião ou outros deslocamentos.

☐ Marque um período regular no calendário ou escreva uma próxima ação, se necessário, para assegurar que a leitura exigida seja feita.

Parabéns!
Você terminou a 8ª etapa com sucesso!

Vá para a página 217 do Guia Prático e atualize o Acompanhamento do Progresso com a data de hoje.

PASSO 1	**CAPTURAR**
PASSO 2	**ESCLARECER**
PASSO 3	**ORGANIZAR**
PASSO 4	
PASSO 5	

CINCO
PASSOS

Seu checklist para as etapas de Organizar

6ª etapa
- [ ] Criei uma lista de Próximas Ações.
- [ ] Acompanho minhas próximas ações em uma única lista ou em um número apropriado de listas.
- [ ] Criei uma lista Algum dia/Talvez.
- [ ] Criei uma lista Aguardando Resposta (para acompanhar as coisas que repassei a outras pessoas).

7ª etapa
- [ ] Criei uma lista de Projetos.
- [ ] Acompanho meus projetos em uma única lista ou em um número apropriado de listas.

8ª etapa
- [ ] Criei pastas para organizar papéis relacionados a projetos ou materiais de suporte.
- [ ] Estabeleci meu sistema de referência de A a Z em papel usando pastas.
- [ ] Estabeleci meu sistema de referência digital no computador.

Calendário
- [ ] Só uso meu calendário para as seguintes atividades:
  - *atividades em dias específicos*
  - *atividades em horários específicos*
  - *lembretes para aquele dia*

"Ser organizado significa simplesmente que o lugar onde algo está coincide com o que aquilo significa para você. Não sou uma pessoa naturalmente organizada; sou naturalmente preguiçoso! E só sou organizado para não ter que raciocinar continuamente sobre o que algo significa para mim. Se estiver naquela lista, naquela pasta, naquela gaveta, significa *X* e não tenho que repensar, a não ser para escolher se me engajo nela ou não."

— DAVID ALLEN

9ª ETAPA
Faça a Revisão Semanal do GTD

Por que você precisa desta etapa

A Revisão Semanal do GTD consiste em revisar a semana que passou, a(s) próxima(s) semana(s) e o seu sistema GTD – de preferência, fazendo isso sempre nos mesmos horário e local. Se você for como a maioria das pessoas, essa se tornará uma das atividades mais confiáveis e satisfatórias da sua semana.

Assim como o cozinheiro afia suas facas e o piloto de corrida regula o motor, todos precisamos reservar um tempo para renovar, revisar e ser mais produtivos com menos estresse.

Sua Revisão Semanal do GTD vai ajudá-lo a reconhecer o que vem realizando e o que ainda tem que implementar no movimento rumo a mais produtividade com menos estresse, tanto no trabalho quanto na vida pessoal. Fazer sua revisão é essencial para encontrar o equilíbrio em todas as áreas.

Toda semana?

Você precisa mesmo fazer a Revisão Semanal do GTD toda semana? Não, não precisa. É sempre uma escolha. Mas você descobrirá que, quando não faz, acaba sentindo falta. É a prática mais recomendada, adotada pelos que querem ser mais produtivos. Talvez você veja que, assim como meditar ou receber uma massagem, essa é uma atividade relaxante, que nos centra e nos alicerça e que você aguardará com expectativa a cada semana. É a sua hora de se restaurar e se renovar.

COMENTÁRIOS DE USUÁRIOS DO GTD

A Revisão Semanal é um hábito que se constrói. Eis algumas ideias de usuários experientes para ajudar você a dar o pontapé inicial.

Associe-a a outra atividade – "Eu li que todo hábito é ativado por alguma outra coisa: um evento diário, uma hora do dia, uma rotina. Assim, associei minha Revisão Semanal ao café da manhã de sábado. Faço-a enquanto como e nunca perco minha revisão – nem o café da manhã de sábado."

Facilite o processo – "Vi a necessidade de adotar um novo hábito. Facilitei o processo ao máximo quando comecei. Mantive o foco e agora não vivo sem ela."

Torne o momento mais agradável – "Levei algum tempo para desenvolver o hábito da Revisão Semanal do GTD. Costumava chamá-la de minha Revisão Mensal do GTD! Agora, adoro o tempo que reservo nas tardes de sábado, em meu escritório de casa, para revisar o sistema. Ponho para tocar minha música favorita, Yo-Yo Ma ou Rosa Passos, e dedico esses minutos a organizar e atualizar meu trabalho e minha vida pessoal. É o meu tempo para ver o que posso ter deixado passar, para refletir e me renovar."

Escolha uma recompensa – "Parece bobo, mas prometer uma recompensa a mim mesmo me motiva a fazer a revisão. Algo simples, como um sorvete ou 15 minutos de uma atividade divertida, já funciona para mim."

Acompanhe seu progresso – "Uso a tabela de acompanhamento do progresso de forma recorrente para registrar minhas Revisões Semanais do GTD. Assim, consigo monitorar meus avanços visualmente e ver meu hábito se desenvolver semana após semana."

Localização – "Enfrentei dificuldades para encaixar a Revisão Semanal do GTD na minha rotina. Tenho filhos e trabalho em um escritório movimentado. Não tinha tempo nem um lugar sem interrupções. Então, um dia, indo de carro para o trabalho, reparei na biblioteca pública. Nada de interrupções e muito silêncio! Agora, uma vez por semana, saio mais cedo de casa e paro na biblioteca para passar alguns minutos longe do mundo revisando minhas listas de Projetos e Próximas Ações. Esse tempo teve um enorme impacto positivo sobre minha produtividade e reduziu meu estresse."

9ª ETAPA
Passo a passo

1º passo. Conduza sua primeira Revisão Semanal do GTD.

2º passo. Determine um horário e um lugar e marque o compromisso no calendário.

1º passo. Conduza sua primeira Revisão Semanal do GTD.

Como não há hora melhor do que o momento presente e você já está com o Guia Prático aberto, tendo avançado até aqui no processo, reserve um tempo agora para concluir sua primeira Revisão Semanal do GTD.

Facilitamos tudo para você. Basta seguir o checklist de Revisão Semanal do GTD na próxima página, um item de cada vez. Ao fazer isso, você vai notar que já está familiarizado com os princípios e as práticas – é o que vem fazendo esse tempo todo!

!

IMPRIMA!

Você tem permissão – e incentivo – para fazer uma cópia do checklist de Revisão Semanal do GTD para usar toda semana. Se não tiver uma fotocopiadora por perto, tire uma foto com o celular, cole a imagem em um documento e imprima-o.

Checklist de Revisão Semanal do GTD

Torne claro

☐ **Reúna materiais e folhas soltas**
Reúna todos os cartões de visita, recibos e materiais em papel variados na sua caixa de entrada física.

☐ **Esvazie sua caixa de entrada**
Processe completamente todos os materiais pendentes em papel, anotações no diário e sobre reuniões, mensagens de texto ou áudio, ditados e e-mails.

☐ **Esvazie sua mente**
Escreva e processe quaisquer projetos, itens de ação, itens aguardando resposta e itens do tipo Algum dia/Talvez novos e não capturados.

Atualize-se

☐ **Revise as listas de Próximas Ações**
Marque as ações concluídas. Revise-as em busca de lembretes de novas ações.

☐ **Revise o calendário passado**
Revise em detalhes o calendário passado: procure itens pendentes, informações de referência, etc., e transfira-os para o sistema ativo.

☐ **Revise o calendário futuro**
Revise os próximos eventos do calendário, a curto e longo prazo. Capture as ações engatilhadas.

☐ **Revise a lista Aguardando Resposta**
Registre as ações apropriadas para qualquer acompanhamento necessário. Risque o que já foi resolvido.

☐ **Revise as listas de Projetos (e resultados maiores)**
Avalie o status de projetos, metas e resultados um a um, assegurando para cada um pelo menos uma próxima ação atualizada. Examine os planos dos projetos, o material de suporte e qualquer outro material

em andamento para engatilhar novas ações, conclusões, respostas aguardadas, etc.
- [ ] **Revise quaisquer checklists relevantes**
Use-os como gatilhos para novas ações.

Seja criativo
- [ ] **Revise a lista Algum dia/Talvez**
Revise todos os projetos ou ações que possam se tornar ativos agora e os transfira para a lista apropriada. Exclua os itens que não despertam mais interesse.
- [ ] **Seja criativo e corajoso**
Acrescente ao seu sistema quaisquer ideias novas, maravilhosas, malucas, criativas, instigantes ou ousadas.

2º passo. Determine um horário e um lugar e marque o compromisso no calendário.

1. **Horário.** Escolha um horário e um dia da semana que funcionem para você, que tornem fácil aderir e manter o compromisso toda semana. Algumas pessoas preferem as tardes de sexta-feira ou, às vezes, o sábado ou o domingo, quando podem se isolar para ter alguma tranquilidade e refletir. O segredo é escolher um dia e um horário que você acredite que possam se tornar um hábito para você.
2. **Lugar.** Escolha um bom lugar para realizar sua revisão, de preferência algum espaço tranquilo e sem distrações. Lugares óbvios são seu escritório ou sua casa, mas certifique-se de que não haverá perturbações. Esse é um tempo para *você*. Muita gente gosta de dar uma escapada, como ir a uma cafeteria, um parque ou uma biblioteca especificamente para fazer a Revisão Semanal do GTD. Pode ser útil pôr o celular no modo avião durante esse período.
3. **Calendário.** Abra seu calendário e escreva "Revisão Semanal do GTD" no dia e horário escolhidos e faça disso um evento com recorrência semanal. Comece com apenas meia hora, para facilitar a construção do hábito. Você pode acrescentar mais tempo nas semanas posteriores, uns 10 minutos de cada vez. Evite a tendência de fazer uma maratona de revisão nos primeiros meses: você pode

se sentir mentalmente esgotado, com menos vontade de fazer a próxima.
4. **Repetição.** Você já está no caminho para a produtividade sem estresse. Agora, transforme a revisão em um hábito realizando-a todas as semanas e observe como você vai melhorar na arte de fazer acontecer. Faça o que for necessário para conduzir sua revisão toda semana. Talvez você fique tentado a pulá-la às vezes por causa da urgência de... tudo. Mas aí está a questão: essa é justamente a hora de refletir sobre tudo, encontrar maneiras de melhorar a situação para si e se assegurar de que o sistema está em boas condições.
5. **Incorporar.** Eis uma ótima maneira de incorporar o hábito: escolha um amigo a quem você possa relatar o seu progresso. O envio de uma simples mensagem com seu relato pode mantê-lo motivado a concluir a revisão.

PARE

Antes de ir em frente, veja se *programou* no calendário sua Revisão Semanal como evento recorrente, caso contrário ela provavelmente não irá acontecer.

Perguntas frequentes

Sobre fazer a Revisão Semanal do GTD

Quanto tempo devo dedicar a cada passo da Revisão Semanal do GTD?
Dedique o tempo que considerar necessário enquanto sentir que está sendo valioso para você.

Devo fazer duas revisões separadas, uma para o trabalho e outra para o que é pessoal?
Não é recomendado. Já é bastante difícil encontrar tempo para uma; limite-se a uma vez por semana e inclua tudo.

E se eu me atrasar ou perder uma Revisão Semanal do GTD?
Isso significa que você é um ser humano normal do mundo de hoje! Não considere isso ruim nem errado. Pense nas suas revisões como um presente que dá a si mesmo. Assim, conclua a próxima quanto antes para voltar aos trilhos. Depois de fazer as revisões durante um tempo, provavelmente você vai descobrir que não tem mais como não sentir falta quando pula uma delas. É como deixar de tomar banho: você vai notar o desconforto e tomar as providências necessárias.

O checklist de Revisão Semanal é um formulário longo. Nas primeiras semanas, faça apenas uma parte – o correspondente a meia hora. Isso vai deixar você com vontade de fazer mais na semana seguinte.

> A Revisão Semanal é a etapa mais importante para a prática constante do GTD. Se a fizer, seu sistema perdurará e ficará mais maduro e significativo. Se não a fizer, sua prática vai diminuir e, finalmente, se perder.
>
> **DAVID ALLEN**

Parabéns!
Você terminou a 9ª etapa com sucesso!

Vá para a página 217 do Guia Prático e atualize o Acompanhamento do Progresso com a data de hoje.

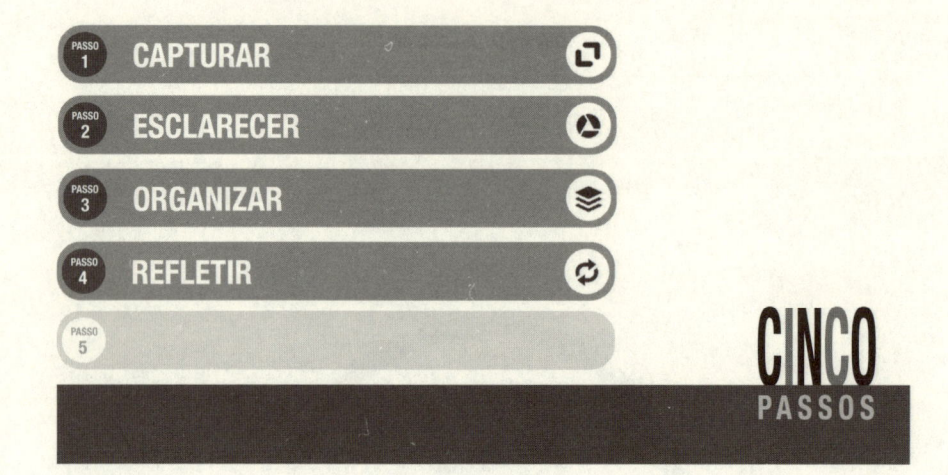

PASSO 1	**CAPTURAR**
PASSO 2	**ESCLARECER**
PASSO 3	**ORGANIZAR**
PASSO 4	**REFLETIR**
PASSO 5	

CINCO
PASSOS

Seu checklist de Refletir é igual ao checklist de Revisão Semanal

Checklist de Revisão Semanal do GTD

Torne claro

- [ ] **Reúna materiais e folhas soltas**
  Reúna todos os cartões de visita, recibos e materiais em papel variados na sua caixa de entrada física.
- [ ] **Esvazie sua caixa de entrada**
  Processe completamente todos os materiais pendentes em papel, anotações no diário e sobre reuniões, mensagens de texto ou áudio, ditados e e-mails.
- [ ] **Esvazie sua mente**
  Escreva e processe quaisquer projetos, itens de ação, itens aguardando resposta e itens do tipo Algum dia/Talvez novos e não capturados.

Atualize-se

- [ ] **Revise as listas de Próximas Ações**
  Marque as ações concluídas. Revise-as em busca de lembretes de novas ações.
- [ ] **Revise o calendário passado**
  Revise em detalhes o calendário passado: procure itens pendentes, informações de referência, etc., e transfira-os para o sistema ativo.
- [ ] **Revise o calendário futuro**
  Revise os próximos eventos do calendário, a curto e longo prazo. Capture as ações engatilhadas.
- [ ] **Revise a lista Aguardando Resposta**
  Registre as ações apropriadas para qualquer acompanhamento necessário. Risque o que já foi resolvido.
- [ ] **Revise as listas de Projetos (e resultados maiores)**
  Avalie o status de projetos, metas e resultados um a um, assegurando para cada um pelo menos uma próxima ação atualizada. Examine os planos dos projetos, o material de suporte e qualquer outro material em andamento para engatilhar novas ações, conclusões, respostas aguardadas, etc.
- [ ] **Revise quaisquer checklists relevantes**
  Use-os como gatilhos para novas ações.

Seja criativo

☐ **Revise a lista Algum dia/Talvez**
Revise todos os projetos ou ações que possam se tornar ativos agora e os transfira para a lista apropriada. Exclua os itens que não despertam mais interesse.

☐ **Seja criativo e corajoso**
Acrescente ao seu sistema quaisquer ideias novas, maravilhosas, malucas, criativas, instigantes ou ousadas.

"As pessoas costumam se sentir melhor em relação ao próprio trabalho quando estão prestes a tirar férias, mas não por causa das férias em si apenas. É porque estão repensando, reajustando e renegociando todos os seus compromissos para poderem estar livres, curtindo os dias de folga. O que faço aqui é simplesmente sugerir que você faça esse processo semanalmente em vez de apenas uma vez por ano."

— DAVID ALLEN

10ª ETAPA
Conduza uma revisão diária

Por que você precisa desta etapa

Você é um profissional do conhecimento em um mundo em rápida mudança. Seu trabalho envolve fazer *avaliações* em frações de segundo e gerenciar todos os dados e informações que chegam a você o tempo todo. Embora o seu cargo possa definir boa parte do que faz, em última análise a sua vida, a sua carreira, o que você realiza e o que decide fazer hoje *cabem a você*. O sistema GTD que criou até agora neste Guia Prático vai ajudá-lo a ter uma vida produtiva e sem estresse.

Esta etapa final pega tudo que você já aprendeu até agora e lhe oferece a orientação necessária para lidar com as demandas cotidianas de tempo e de clareza mental.

O QUE DAVID ESTÁ DIZENDO

"Se tiver a mente clara e relaxada, o controle focado vai depender de como você se orienta no espaço e no tempo com os 'mapas' apropriados – isto é, as listas e as imagens da sua paisagem de compromissos e interesses. O verdadeiro valor de construir um cérebro externo confiável, como faz o GTD, é libertar você para realizar escolhas boas e intuitivas sobre o que fazer a cada momento."

10ª ETAPA
Passo a passo

1º passo. Revise primeiro seu calendário.

2º passo. Faça a "identificação de emergências".

3º passo. Verifique suas listas.

4º passo. Reserve "tempo para esclarecer".

5º passo. Identifique e administre seus critérios limitantes.

1º passo. Revise primeiro seu calendário.

Comece vendo o que não pode deixar de ser feito em algum momento daquele dia, que é o tipo de coisa que deve estar em seu calendário. Está incluído aí tudo aquilo com que você se comprometeu, como reuniões, eventos, trabalhos a entregar. Acrescente também qualquer coisa de que precise estar ciente naquele dia.

2º passo. Faça a "identificação de emergências".

Em seguida, faça a "identificação de emergências" das novas entradas para ver se há algo que precise ser resolvido imediatamente. Não se esqueça de que é uma identificação rápida: 5 minutos, 10 minutos no máximo. O desafio é evitar se distrair com o que está lá; você terá tempo depois para esclarecer e organizar seus e-mails e as outras comunicações, como parte do seu "trabalho planejado". A tarefa agora é somente procurar itens emergenciais.

3º passo. Verifique suas listas.

Verifique sua(s) lista(s) de Próximas Ações. Pense nas ações que pode realizar no seu contexto atual (isso será explicado em breve), com o tempo que tem disponível, ou nas ações que precisa acrescentar aos seus itens para mais tarde. Algumas pessoas gostam de usar uma "lista express" com esse propósito: uma lista curta do que seria mais valioso fazer caso houvesse tempo.

4º passo. Reserve "tempo para esclarecer".

Esse é o tempo dedicado a cuidar dos itens da sua caixa de entrada e esclarecer cada um, como você já aprendeu no 2º passo, Esclarecer. Considere o tempo de processamento apropriado de que precisará durante o dia para lidar com as entradas e com os conteúdos novos que chegarem, para não se sobrecarregar, e bloqueie o intervalo necessário no calendário.

!

PARE

Antes de prosseguir, realize uma rápida revisão seguindo os passos de 1 a 4 das páginas anteriores. Não precisa demorar muito; é só para ter uma ideia de como é o processo.

De quanto tempo por dia vou precisar?

Um profissional típico precisa de 60 a 90 minutos por dia para se manter no controle do que já entrou, para esclarecer e lidar com todos os e-mails e outros itens que chegam. Pouca gente leva em consideração o tempo necessário para esclarecer. Nossa tendência natural é nos mantermos ativos e é difícil separar um tempo focado para esclarecer todas as novas entradas. Quem pula essa etapa acaba com um acúmulo de itens não esclarecidos e uma sensação de sobrecarga. Dedicar um tempo diário a esclarecer o que entra é a única maneira de evitar essa pressão. Esvazie sua caixa de entrada todos os dias, ou no máximo dia sim, dia não. Do mesmo modo, quando estiver longe, seja em uma conferência, em uma reunião fora do escritório ou de férias, você precisará de uma hora de atualização para compensar cada dia que ficou afastado. Conforme for cuidando das entradas e mantendo em dia o calendário e suas listas, você construirá confiança no seu sistema.

5º passo. Identifique e administre seus critérios limitantes.

Já notou que, enquanto avança pelo dia de trabalho, há **critérios limitantes** que restringem o que você é capaz de fazer? Saber quais são eles e o que fazer a respeito vai ajudá-lo a se concentrar nas ações que podem ser feitas aqui e agora. Há quatro critérios limitantes principais:

1. **Contexto** – O que você pode fazer geralmente se baseia na situação em que está no momento. O contexto se refere a onde você está, fisicamente falando – no escritório, no carro, em casa, no aeroporto –, e a que ferramentas tem à mão – como seu celular ou o computador. Dependendo do contexto, só é preciso dar uma olhada nas próximas ações da sua lista que você realmente possa fazer onde está e com as ferramentas de que dispõe.

2. **Tempo disponível** – Aquilo que você pode fazer agora é limitado pelo tempo de que dispõe antes que precise fazer outra coisa. Ter uma reunião daqui a 15 minutos impedirá muitas ações que exigem mais tempo para começar. Portanto, você precisará escolher uma próxima ação que possa concluir ou em que possa obter progresso no tempo que tiver disponível.

3. **Energia disponível** – Seu nível de energia varia ao longo do dia, portanto selecione uma tarefa que se ajuste a ele. Pode parecer estranho que um livro sobre fluxo de trabalho e como lidar de maneira eficaz com as informações, os e-mails e os papéis que entram no seu mundo se aventure em uma discussão sobre o nível de energia das pessoas. No entanto, esse é um fator real e, na hora de decidir em que trabalhar, ignorar a questão do seu nível atual de energia gerará consequências. Espera-se que sempre tenhamos muita energia no trabalho, mas a realidade é que nossa disposição física, mental e criativa sobe e desce durante o dia. Para ser mais produtivo, escolha ações que combinem com sua energia disponível. Provavelmente você sabe em que hora do dia sua energia é melhor para ser criativo ou para atacar um projeto grande. Do mesmo modo, quando notar seu ânimo diminuindo, escolha próximas ações que sejam mais fáceis de concluir – como tarefas repetitivas ou administrativas e coisas para fazer na rua

– para continuar avançando. E mais: às vezes a coisa mais eficaz a fazer no momento é uma pausa para dar uma volta a pé pelo quarteirão.

4. **Prioridade** – Que ação tem mais prioridade? Todos queremos saber a resposta. Com tudo que tenho para fazer, em que deveria trabalhar *agora*? Tenha sempre em mente a seguinte noção sobre prioridades: não *estabelecemos* prioridades, *temos* prioridades.

Até este ponto da implementação do GTD, você acumulou uma lista de Projetos e várias próximas ações que servirão para fundamentar escolhas confiáveis em relação ao que vai fazer. Com esse inventário total dos seus compromissos à mão, você pode então usar os critérios limitantes (contexto, tempo, energia e prioridade) de modo eficaz para se orientar na vida e no trabalho momento a momento.

!

PARE

> **Reserve um instante para avaliar os critérios limitantes em sua vida neste momento.**

1. **Contexto** – Onde estou agora? Que restrições ou limitações associadas isso me apresenta?
2. **Tempo disponível** – De quanto tempo disponho agora?
3. **Energia disponível** – Qual é o meu nível de energia agora? E o que posso assumir neste momento com a energia que tenho?

            BAIXA   MÉDIA   ALTA

4. **Prioridade** – Qual é a coisa mais importante que posso fazer agora com o tempo e a energia de que disponho?

Perguntas frequentes

Sobre engajar: como escolher o que fazer agora

Priorizar é o tipo de coisa que é mais fácil falar do que fazer. Como saber se estou tomando a decisão certa quanto à prioridade?

Listar as 10 coisas principais que você acha que tem que concluir, em ordem de importância, não funciona. O que é prioridade às 20h será diferente do que era prioridade às 10h30 da manhã. Às vezes, a coisa mais importante a fazer será regar as plantas.

Tudo bem se concentrar nas principais coisas em que precisa trabalhar se nada mais se alterar durante o dia. Só não invista demais nessa lista ou poderá se frustrar quando surgirem tarefas que mudarão o seu foco.

Como disse o escritor Ralph Waldo Emerson: "Crê em ti mesmo; o coração vibra sempre ao som desta corda."

Como saber que não há problema em fazer uma pausa?

Permita-se alguns respiros todo dia. É importante conservar energia e manter a mente clara; portanto, faça pausas quando precisar. Se tiver fome, lanche. Se estiver sentado há tempo demais, vá dar uma volta. Se acabou de sair de uma reunião estressante, faça o que for necessário para recuperar o foco e o ânimo.

Como manter o trabalho sob controle e ainda desfrutar das férias?

Não há nada inerentemente bom nem ruim em estar envolvido com coisas profissionais durante as férias. Tudo depende das muitas variáveis da sua situação. Eis algumas dicas básicas para ajudá-lo a manter sob controle os itens de trabalho e aproveitar as férias sem estresse:

- Antes de sair de férias, faça o possível para deixar tudo organizado e em dia, e para se manter proativo e atualizado em relação aos seus acordos e compromissos ligados ao trabalho.
- Identifique "Férias" como um projeto assim que elas estiverem no seu radar e defina e conclua as próximas ações o mais cedo possível.
- Tenha sempre uma ferramenta de captura com você. Não precisa processar as capturas antes de voltar, mas é importante capturar a ideia enquanto está fresca, ou seja, quando ela surgir.
- Dê à equipe suas informações de contato e esclareça com antecedência o que pode constituir uma "emergência", para que falem com você apenas se for realmente necessário.
- Reserve no seu calendário pelo menos um ou dois dias inteiros para colocar as coisas em dia quando retornar.

**Parabéns!
Você terminou a 10ª etapa com sucesso!

Vá para a página 217 do Guia Prático e atualize o
Acompanhamento do Progresso com a data de hoje.**

PASSO 1	CAPTURAR
PASSO 2	ESCLARECER
PASSO 3	ORGANIZAR
PASSO 4	REFLETIR
PASSO 5	ENGAJAR

CINCO PASSOS

Seu checklist de Engajar

Eis as atividades recomendadas para decidir em que trabalhar:

- [ ] Conduzirei uma revisão diária toda manhã (ou na noite anterior) verificando meu calendário e as listas de Próximas Ações.
- [ ] Reservarei tempo para esclarecer e organizar os itens que me chegarem (em geral, de 60 a 90 minutos por dia).
- [ ] Usarei os quatro critérios limitantes para facilitar a escolha "do que fazer agora": contexto, tempo disponível, energia disponível e prioridade.

Parabéns!

> **Você acabou de concluir todas as 10 etapas para a produtividade sem estresse!**
>
> **Marque um horário no seu calendário para comemorar – ou, se a comemoração durar menos de dois minutos, faça-a agora mesmo!**

AVALIE SUA REALIDADE

Uma autoavaliação (breve mas superútil) da sua realidade atual

DATA: _____

Agora que passou por todas as 10 etapas, vamos ver quanto sua produtividade melhorou. Responda a cada uma das declarações a seguir usando a escala abaixo:

Escala de classificação

1 = discordo totalmente; **2** = discordo; **3** = não concordo nem discordo; **4** = concordo; **5** = concordo plenamente

1	Anoto ideias e coisas a fazer assim que surgem.	1 2 3 4 5
2	Mantenho uma lista completa com todas as minhas próximas ações.	1 2 3 4 5
3	Tenho registrado tudo aquilo que estou esperando de outras pessoas.	1 2 3 4 5
4	Meu calendário só contém compromissos ou informações de que preciso naqueles dias específicos.	1 2 3 4 5
5	Tenho todos os meus projetos atuais em uma única lista.	1 2 3 4 5
6	Tenho pelo menos uma próxima ação registrada para cada um dos meus projetos.	1 2 3 4 5
7	Esvazio minha caixa de entrada de e-mails praticamente todo dia, examinando cada um deles e pondo-os no lugar certo.	1 2 3 4 5
8	Quando necessário, consigo armazenar e acessar facilmente o material de referência, seja digital ou em papel.	1 2 3 4 5

ATUAL... OUTRA VEZ

9	Tenho caixas de entrada físicas em todos os lugares onde preciso capturar papéis e outras coisas que chegam.		1	2	3	4	5
10	Esvazio a(s) minha(s) caixa(s) de entrada física(s) praticamente todo dia.		1	2	3	4	5
11	Quando me atraso ou fico sobrecarregado, sei voltar aos trilhos me engajando em minhas próximas ações, meus projetos e meu calendário.		1	2	3	4	5
12	Reservo um tempo toda semana para pôr tudo em dia e rever como estou indo em minha vida profissional/pessoal.		1	2	3	4	5
13	Tenho um lugar confiável onde posso procurar e encontrar facilmente informações adicionais e de suporte a qualquer projeto em que esteja trabalhando.		1	2	3	4	5
14	Tenho um esquema que me ajuda a escolher a melhor coisa em que trabalhar em qualquer momento específico.		1	2	3	4	5
15	Quando ocorrem interrupções ou demandas inesperadas, posso avaliar facilmente sua prioridade em relação a tudo o mais que tenho que fazer.		1	2	3	4	5

Some sua pontuação = _____ **(de 75)**

Explicação da pontuação

15 a 30: Você realmente precisa deste Guia Prático. Não se preocupe, vamos explicar tudo passo a passo.

31 a 46: Você já tem uma ideia do que é levar uma vida produtiva.

47 a 62: Você está indo bem! Continue!

63 a 75: Você está no caminho da maestria no GTD! Este último ajuste fino vai lhe causar um impacto enorme.

4
SAIBA MAIS

SOBRE O GTD

1. **Material extra**
2. **Insights e práticas extras**
3. **No caminho da maestria no GTD**
4. **Sua jornada a seguir**

Material extra

Para acessar os vídeos, aponte o celular para cada QR code, usando a câmera ou um aplicativo, ou simplesmente digite o link que consta abaixo de cada QR code. Já no site, para ativar as legendas em português, passe o cursor sobre a janela do vídeo para fazer aparecer uma barra com opções. Clique no símbolo "CC" e selecione "Português (Brasil)".

Os 5 passos do GTD

go.gettingthingsdone.com/no-1

Capturar

go.gettingthingsdone.com/no-2

> Você também pode aprofundar seus conhecimentos no Capítulo 5 de *A arte de fazer acontecer: O método GTD®*.

Esclarecer

go.gettingthingsdone.com/no-3

go.gettingthingsdone.com/no-9

> Você também pode aprofundar seus conhecimentos no Capítulo 6 de *A arte de fazer acontecer*.

Organizar

go.gettingthingsdone.com/no-4

> Você também pode aprofundar seus conhecimentos no Capítulo 7 de *A arte de fazer acontecer*.

Refletir

go.gettingthingsdone.com/no-5

> Você também pode aprofundar seus conhecimentos no Capítulo 8 de *A arte de fazer acontecer.*

Engajar

go.gettingthingsdone.com/no-6

> Você também pode aprofundar seus conhecimentos no Capítulo 9 de *A arte de fazer acontecer.*

Capture todos os papéis em uma caixa de entrada

go.gettingthingsdone.com/no-7

Esclareça sua caixa de entrada

go.gettingthingsdone.com/no-8

Lista de Próximas Ações

go.gettingthingsdone.com/no-10

> Você também pode aprofundar seus conhecimentos no Capítulo 12 de *A arte de fazer acontecer.*

Lista de Projetos

go.gettingthingsdone.com/no-11

> Você também pode aprofundar seus conhecimentos no Capítulo 7 de *A arte de fazer acontecer.*

Insights e práticas extras

go.gettingthingsdone.com/no-12

Horizontes de Foco®

go.gettingthingsdone.com/no-13

Como resolver o acúmulo de papéis

go.gettingthingsdone.com/no-14

Como resolver o acúmulo de e-mails

go.gettingthingsdone.com/no-15

Iniciando projetos com o Modelo de Planejamento Natural®

go.gettingthingsdone.com/no-16

De volta aos trilhos

No caminho da maestria no GTD

Deve haver muitas áreas na sua vida nas quais não existe necessariamente um ponto final ou uma "linha de chegada". Por exemplo, não há ponto final em se aprimorar, aprender novos hábitos, liderar os outros, manter a forma, criar filhos, nutrir-se de maneira saudável, tocar um instrumento musical, praticar ioga ou artes marciais, meditação ou atenção plena.

À medida que você continua em sua jornada de maestria no GTD, você terá ganhos a longo prazo nos âmbitos pessoal e profissional. Integrar as práticas do GTD à sua vida – isso significa sua vida por inteiro – vai fazer com que você se mantenha nesse caminho da maestria. E isso requer foco contínuo para que você veja tais melhorias com o passar do tempo.

Só porque concluiu as etapas deste Guia Prático não significa que a jornada de *aprendizado* do GTD tenha acabado. Seria como ler um livro sobre boa forma e depois não fazer nada a respeito. O mesmo se aplica a construir e manter o sistema GTD sobre o qual você leu e que começou a aplicar neste Guia Prático: é preciso manter o engajamento. Eis alguns recursos e modos de fazer isso:

A base do GTD

Outros livros de David Allen oferecem um mergulho mais profundo no GTD:

A arte de fazer acontecer: O método GTD® (Sextante, 2016)

Ready for Anything: 52 Productivity Principles for Getting Things Done (Penguin, 2004)

Making It All Work: Winning at the Game of Work and the Business of Life (Penguin, 2009)

Getting Things Done for Teens: Take Control of Your Life in a Distracting World (Penguin, 2018)

Site do GTD

Visite www.gettingthingsdone.com (em inglês) e encontre:

- o cronograma dos próximos eventos públicos oferecidos no mundo inteiro pelos nossos parceiros globais: https://gettingthingsdone.com/global-partners
- GTD Connect, comunidade social com recursos como vídeos e ferramentas criados por instrutores e coaches certificados em GTD (ver abaixo)
- o blog do GTD em http://gettingthingsdone.com/gtd-times

GTD Connect

GTD Connect (www.GTDConnect.com) é um centro de recursos (em inglês) para quem quer desenvolver a prática do GTD. Assista, ouça e aprenda no site GTD Connect, baixe conteúdo e receba-o por meio da distribuição exclusiva para associados.

Os associados têm acesso ilimitado a:

- webinars com David Allen e coaches certificados em GTD sobre uma grande variedade de tópicos de produtividade;
- extensa biblioteca de áudio, vídeo e documentos, com download gratuito dos GTD Setup Guides para usar com softwares comuns;
- a série *Slice of GTD Life*, para ver como os outros estão mantendo o GTD em suas vidas;
- entrevistas *In Conversation* com David Allen e a série *Up Close with David*;
- fóruns de discussão só para associados para compartilhar ideias, dicas e truques;
- centenas de trechos de áudio e vídeo com dicas e truques de David Allen e dos coaches certificados em GTD.

Sua jornada a seguir

Parabéns pelo sucesso na conclusão do Guia Prático. Espero que este livro tenha sido útil e que você se beneficie ao fazer mais coisas acontecerem com menos esforço e menos estresse. Você vai descobrir, como outros descobriram, que o método GTD tem muito mais a oferecer do que se pode imaginar – especialmente a adoção de uma nova perspectiva em que qualquer problema pode ser visto como um projeto.

Desejo que você experimente a liberdade da Mente como Água e que sua energia criativa seja liberada com o uso dessas técnicas. Esteja aberto, corra os riscos apropriados, preste atenção nos resultados e corrija o rumo enquanto avança pelo seu Caminho da Maestria no GTD.

Tenha um excelente resto da sua vida!

David Allen e Brandon Hall

ACOMPANHAMEN

5

'O DO PROGRESSO

CAPTURAR

1ª etapa	Capture todos os papéis em uma caixa de entrada	DATA
2ª etapa	Escolha sua ferramenta de captura	DATA
3ª etapa	Faça uma Varredura Mental	DATA

ESCLARECER

4ª etapa	Esvazie a caixa de entrada física	DATA
5ª etapa	Esvazie a caixa de entrada de e-mails	DATA

ORGANIZAR

6ª etapa	Crie sua lista de Próximas Ações e outras listas	DATA
7ª etapa	Acompanhe seus projetos em uma única lista	DATA
8ª etapa	Crie pastas para se manter organizado	DATA

REFLETIR E ENGAJAR

9ª etapa	Faça a Revisão Semanal do GTD	DATA
10ª etapa	Conduza uma revisão diária	DATA

AGRADECIMENTOS

Temos profunda gratidão pelas muitas horas de auxílio especializado que Treion Muller nos prestou para o projeto, o tom e a edição do Guia Prático.

Obrigado a Mindy Powell pela assistência no desenvolvimento das "etapas".

Continuamos gratos a Rick Kot, nosso editor na Penguin Random House, que nos deu bastante apoio durante todo o projeto, e a nosso agente, Doe Coover, que foi fundamental para engatilhá-lo.

Brandon agradece particularmente a Marian Bateman pela extraordinária orientação a ele prestada sobre o GTD durante muitos anos. E isso não teria acontecido sem o esforço incansável de Kathryn Allen na coordenação das várias peças em movimento.

CALL DANIEL

A Call Daniel é a única empresa no Brasil certificada pela David Allen Company capaz de oferecer treinamentos Getting Things Done – GTD nas modalidades presencial e a distância. Sua sede fica em São Paulo. Frequentemente ministra treinamentos em outras partes do mundo, como Europa, Estados Unidos, África e Ásia. Entre seus clientes estão empresas de todos os segmentos, como Siemens, Microsoft, SAP, Nestlé e Abbott. A Call Daniel é especializada em treinamentos GTD in-company para grupos de aproximadamente 15 participantes. Bastante práticos, são orientados para que os interessados realmente apliquem o método GTD no seu dia a dia. Para diretores e presidentes de empresas, a Call Daniel oferece o Coaching GTD, uma habilitação individual direcionada para as necessidades específicas de cada profissional.

Para mais informações, consulte www.calldaniel.com.br
ou escreva para daniel.burd@calldaniel.com.br.

CONHEÇA OUTRO LIVRO DE DAVID ALLEN

A arte de fazer acontecer: O método GTD®

Sua mente deve estar livre para criar, e não preocupada em reter informações. Foi com esse argumento que David Allen criou o método GTD – Getting Things Done: um sistema de gestão que tem ajudado inúmeras pessoas e empresas a colocar ordem no caos.

Considerado a principal autoridade no campo da produtividade, Allen trabalhou com os melhores e mais brilhantes talentos do mundo defendendo a teoria de manter "a mente clara como água" e abordando o equilíbrio entre vida pessoal e profissional.

Depois de trinta anos de pesquisa e prática, lançou *A arte de fazer acontecer*, um best-seller internacional publicado em 28 idiomas que se tornou uma verdadeira referência em organização pessoal. Nesta nova edição, revisada e atualizada, David Allen insere as novas tecnologias na gestão do fluxo de trabalho e inclui as descobertas mais recentes da ciência cognitiva. Por meio de cinco passos e inúmeros exemplos, você vai aprender a:

- Aplicar a Regra dos Dois Minutos (faça, delegue, adie ou jogue fora) para esvaziar sua caixa de entrada
- Reavaliar as metas e manter o foco
- Planejar projetos de longo prazo e revisá-los semanalmente
- Controlar a ansiedade e a sobrecarga de trabalho
- Aceitar que você não pode fazer tudo ao mesmo tempo e que algumas coisas podem ficar para depois

Com técnicas revolucionárias, este livro oferece uma nova maneira de trabalhar: com mais foco, mais produtividade e menos estresse.

Para saber mais sobre os títulos e autores da Editora Sextante,
visite o nosso site e siga as nossas redes sociais.
Além de informações sobre os próximos lançamentos,
você terá acesso a conteúdos exclusivos
e poderá participar de promoções e sorteios.

sextante.com.br